너희 자녀를 위해 울라

너희 자녀를 위해 울라

오인숙

규장

변하지 않는 교육의 기본

《너희 자녀를 위해 울라》는 독자들의 지극한 사랑에 힘입어 거듭해 42쇄를 찍었던 책이다. 저자의 이름을 대면 몰라도 책 이름을 대면 "아하 그 책을 쓰신 분" 하고 알아볼 정도였고 집필 후 몇 년 동안 자녀교육 분야 베스트셀러 1위의 자리를 차지하기도 했다.

이후에도 《너희 자녀를 노엽게 말라》,《현명한 부모가 되라》,《고슴도치 어미의 사랑》,《너희 자녀의 존귀함을 알라》 등의 자녀교육을 주제로 한 책이 출판되었으나 15년의 세월을 꾸준히 사랑받아온 책은 《너희 자녀를 위해 울라》였다.

얼마 전, 작가로서의 내 삶에 늘 사랑의 자극제 역할을 해왔던 규장의 여진구 대표님이 개정판을 내자는 제안을 해왔다.

교육의 3요소인 교육자와 피교육자와 매체의 변화를 고려하면서 잠시 망설이는 사이에 공립학교 교사인 후배들이 교장실을 찾았다.

오랜 만에 만나는 반가운 얼굴들이었다.

　서로 못 만났던 세월을 이야기하다 자연스럽게 요즘 아이들에 대해 이야기하게 되었고 '이 아이들을 어쩌면 좋을까?' 하는 탄식이 절로 나왔다. '너희와 너희 자녀를 위해 울라' 시던 주님의 음성이 더 절박하게 들려오는 듯 했다.

　그날 밤 나는 《너희 자녀를 위해 울라》를 다시 읽으며 세월의 변화와 상관없이 하나님의 말씀인 성경을 근거로 한 교육의 기본을 제시한 책이므로 개정판을 내어도 무리가 없겠다는 생각을 하면서 다시 이 책을 세상에 내어놓으시려는 주님의 뜻을 헤아리게 되었다.

　이 책이 다시 한 번 부모와 교사들에게 '주님께 소망을 두는 교육'을 할 수 있는 계기를 부여하는데 쓰임받기를 간구한다.

　늘 부족한 사람의 책을 읽어주시고 사랑해주시는 독자들과, 함께 기도해주시는 분들 그리고 사랑하는 규장 가족들에게 감사를 드린다.

2009년 2월 1일
오인숙

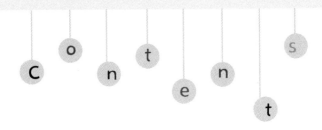

■ 맺음말

오늘날 내가 네게 명하는 이 말씀을 너는 마음에 새기고 네 자녀에게

부지런히 가르치며 집에 앉았을 때에든지

길에 행할 때에든지 누웠을 때에든지 일어날 때에든지 이 말씀을 강론할 것이며

너는 또 그것을 네 손목에 매어 기호를 삼으며 네 미간에 붙여 표를 삼고

또 네 집 문설주와 바깥 문에 기록할지니라 신명기 6장 6~9절

1 하나님의 거룩한
부르심, 부모

CHAPTER 01

자녀교육이라는 절대명령

자녀교육에 대한 열망은 인간의 어떤 각오나 결단보다도 하나님의 요구에 대한 순종의 차원으로서 응답된다. 자녀교육은 하나님과 동역자로서 손을 잡는 일임과 동시에 영적투쟁이며 땀 흘리는 헌신과 눈물의 인내를 요구하는 일이기 때문이다.

세상 속의 아이들

디모데후서 3장 2절에서 5절까지의 말씀을 보면 말세의 인간상이 잘 나타나 있다.

사람들은 자기를 사랑하며 돈을 사랑하며 자긍하며 교만하며 훼방하며 부모를 거역하며 감사치 아니하며 거룩하지 아니하며 무정하며 원통함을 풀지 아니하며 참소하며 절제하지 못하며 사나우며 선한 것을 좋아 아니하며 배반하여 팔며 조급하며 자고하며 쾌락을 사랑하기를 하나님 사랑하는 것보다 더하며 경건의 모양은 있으나 경건의 능력은 부인하는 자니 딤후 3:2-5

이 말씀은 고린도전서 13장 '사랑의 장'과 묘하게도 대칭을 이룬다. 예를 들면 디모데후서에서 말세의 인간상을 '조급하며'라고 했다면 고린도전서 13장에서는 '오래 참고'라고 대조적으로 표현되어 있다. 디모데후서 3장과 고린도전서 13장의 이러한 관계는 말세의 인간상은 사랑이 식어진 인간상이란 암시를 우리에게 준다.

어른들은 점점 삭막해져 가는 인간관계 속에서 사랑의 고갈을 느낀다. 대신 아이들의 마음을 '동심(童心)'이라 하여 거기서 순수, 감동, 아름다운 사랑의 정서를 찾으려 한다. 예전에 어른들은 생떽쥐베리의 《어린 왕자》를 읽으며 이런 내용에서 미소를 머금었다.

어른들은 숫자를 좋아하는 법이다. 아이가 어른들한테 새 친구에 관해서 이야기했을 때, 어른들은 가장 중요한 것에 대해서는 물어보는 일이 없다. '그 애 음성은 어떠냐? 그 애는 어떤 놀이를 좋아하느냐? 나비를 수집하지는 않느냐?' 등의 질문을 하는 경우란 결코 없다.

그 대신, '그 애는 몇 살이냐? 형제가 몇이며, 몸무게는? 아버지의 수입은 얼마냐?' 따위만 묻는다. 그래야만 어른들은 그 애를 속속들이 알게 되었다고 믿는다.

만일 어른들한테, '장미빛 벽돌로 지은 예쁜 집을 봤어요. 창가에는 제라늄이 있고 지붕에는 비둘기가 있고요…'라고 말해서는 어른들은 그 집이 어떤 집인가를 상상해내지 못한다. 그들한테는,

'100만 프랑짜리 집을 봤다' 라고 말해야 된다. 그러면 그제서야, '거 참 훌륭하군!' 하고 소리를 지른다.

어른들은 순수하게 아름다움을 느끼는 아이들의 마음을 사랑했다.
"하얀 도화지와 같은 아이의 마음."
"아이가 거짓말 하겠어요?"
"동심은 천심(天心)이다."
이렇게 말하는 어른들이 오히려 순진해보이는 시대이다. 요즘 아이들 입에서는 "얼마짜리냐?"라는 말이 자연스럽게 튀어나온다.
"너희 집 얼마짜리니?"
"너희 차 얼마짜리냐?"
이제 아이들도 어른 못지않게 숫자를 사랑한다. 자기 집 아파트 평수가 작고 아빠의 차가 소형차면 친구들 앞에서 수치를 느낀다. 이런 아이들은 언제라도 부모에게 대들 준비가 되어 있다.
"내 친구 부모는 이런저런 것도 해주는데 엄마 아빠는 나에게 해준 것이 뭐 있어요?"
그리고 부모를 거역하며 감사치 아니한다. 쉬는 시간이면 휴대폰으로 부모에게 명령을 한다.
"엄마, 그 준비물 왜 안 넣었어, 빨리 가지고 와!"
부모는 땀을 흘리며 준비물을 대령한다. 아이는 감사하기는커녕 눈을 흘기며 빼앗듯 준비물을 갖고 교실로 들어가버린다.

상처가 날 정도로 싸우고 나서도 원통함을 풀지 않고 씩씩거리며, 나보다 낫다고 생각되는 친구가 있으면 왕따를 시켜야 속이 시원하다. 절제하지 못해 TV나 인터넷 게임에 쉽게 중독되고, 성격은 조급해지고 사나워진다. 부모가 세워놓은 목표에 따라 학원가를 전전하면서 쌓인 불안과 분노에 "짜증 나!"를 입에 달고 산다.

쾌락을 사랑하여 초등학교 고학년 중에는 화장하고 담배 피우고 인터넷 채팅으로 이성을 만나고 핸드폰에 찍어온 음란 동영상을 함께 보며 킥킥거리는 아이들이 있다.

어른들이 매라도 들면 핸드폰으로 찍어 인터넷에 올리겠다고 위협한다. 어른들은 무기력에 빠지고 아이들은 디모데후서의 인간상 속에 자신을 흡수시킨다. 이것이 세상 속의 아이들의 모습이다.

성경이 말하는 아이

자녀를 보는 관점은 우리나라 옛 어른들의 사고가 지금까지도 끈질기게 이어진다. '낳아 놓으면 저절로 자란다'는 것이다. 이러한 사고는 "임의로 하게 버려두면 그 자식은 어미를 욕되게 하느니라"(잠 29:15)라는 성경과 상반된 관점이다.

하나님은 인간을 자신의 형상대로 창조하셨다. 자신의 생명을 나누어주는 축복을 하신 것이다. 따라서 성경 속의 인간은 사랑의 대상, 축복의 대상으로 세상을 다스리며 우주의 주인이신 하나님의 능력을 나타내게 되어 있었다. 하나님은 인간을 통해 자신의 의로움과 거룩함을 나타내기를 원하셨다. 그래서 하나님은 인간에게 즐겨 자녀의 자격을 부여하셨다.

그러나 인간의 죄로 인해 이러한 관계는 깨어졌고 아담의 자녀들은 죄된 아비를 통해 죄의 성품을 이어 받고 태어나는 비극이 초래됐다. 죄가 지배했을 때 하나님의 형상이 손상된 사람이 자기 모양 곧 자기 형상대로 죄성을 가진 자녀를 낳게 된 것이다(창 5:1-3).

시편 기자는 자신의 이러한 모습을 적나라하게 고백한다.

내가 죄악 중에 출생하였음이여 모친이 죄 중에 나를 잉태하였나이다 시 51:5

인간의 이러한 죄된 모습이 하나님을 괴롭혔다.

여호와께서 사람의 죄악이 세상에 관영함과 그 마음의 생각의 모든 계획이 항상 악할 뿐임을 보시고 땅 위에 사람 지으셨음을 한탄하사 마음에 근심하시고 창 6:5,6

'만물보다 거짓되고 심히 부패한 것은 마음' 이다(렘 17:9). 아이의 성품도 역시 마찬가지이다.

이는 사람의 마음의 계획하는 바가 어려서부터 악함이라 창 8:21

그럼에도 불구하고 하나님은 아브라함을 택하시고 그 씨를 통해 하나님나라의 율례와 법도(출 18:20)와 율법(출 24:12 ; 레 10:11)을 전수받을 자로 삼으시며 하늘나라 시민으로 훈련하신다. 또한 그리스도 안에서 중생 가운데 새로운 하나님의 자녀로서의 자격을 회복시키신다.

예수께서는 아이들을 죄악 속에 죽은 자로 보지 않으시고 깨어날 수 있는 자로 보시고 생명의 가능성과 천국에의 믿음에 대한 소망적인 존재로 보셨다(마 9:18-26).

예수께서 예루살렘에 입성하실 때 나귀를 타신 그분의 앞뒤에서 기뻐 뛰며 "호산나 다윗의 자손이여 찬송하리로다 주의 이름으로 오시는 이여 가장 높은 곳에서 호산나"(마 21:9) 하며 찬미의 소리를 지른 것은 어린아이들이었다. 다윗의 왕국을 기대하면서도 진정한 다윗의 자손이신 예수님을 몰라본 어른과는 달리 어린아이들은 예수님을 알아보고 그분과 천국을 찬양했다(마 21:1-16).

아이들은 하나님과 그 나라에 대한 선천적인 감각을 가지고 있다. 구세주와 천국과 자연계에 스며 있는 하나님의 섭리에 대한 예민성을 하나님은 젖먹이와 어린아이에게 더하셨던 것이다.

주의 대적을 인하여 어린아이와 젖먹이의 입으로 말미암아 권능을 세우심이여 이는 원수와 보수자로 잠잠케 하려 하심이니이다 시 8:2

또한 예수님은 천국과 어린아이들을 연결시키시기를 즐겨하셨다.

너희에게 이르노니 너희가 돌이켜 어린아이들과 같이 되지 아니하면 결단코 천국에 들어가지 못하리라 마 18:3

어린아이들이 내게 오는 것을 용납하고 금하지 말라 하나님의 나라가 이런 자의 것이니라 내가 진실로 너희에게 이르노니 누구든지 하나님의 나라를 어린아이와 같이 받들지 않는 자는 결단코 들어가지 못하리라 하시니라 눅 18:16,17

예수님은 하나님나라의 상속자로서의 커다란 가능성을 아이에게 두셨던 것이다.

아이는 하나님의 나라를 위한 미래적인 인간상뿐만 아니라 현재 쓰임받는 제자로서의 삶을 통해 산제사로 드려지기도 한다. 그러므로 아이를 예비 신앙인으로 생각해서는 안 된다.

어린아이는 예수님과 동행하는 제자로서, 고백적인 삶을 사는 한 사람의 성도의 몫으로 공동체에 결속되어 있다. 예수님께서 빈 들판에서 오병이어의 기적을 행하셨을 때 떡 다섯 개와 물고기 두 마리를 바친 사람은 다름 아닌 어린아이였다(요 6:8,9). 하나님께서는 영에 어두운 엘리 제사장 대신 어린 사무엘을 부르시고 그 아이를 통해 이스라엘의 미래를 예언하시기도 했다(삼상 3:1-14).

부산에 있는 어느 교회 목사님께서 십대들에게 들려주는 간증을 들은 적이 있다. 자신은 초등학교 5학년 때 성령체험을 하고 다락방에 올라가 반 아이들의 구원을 놓고 날마다 울며 기도했다는 것이다. 그렇게 한 지 일 년만에 그 학급의 모든 아이들이 예수 그리스도를 구주로 고백했다는 이야기였다.

종교 심리학자인 에드워드 요나단이 일곱 살에 회심했다는 것은 놀라운 일이 아니다. 성경 속의 아이는 하늘나라에 대한 커다란 가능성을 가진 자이다.

아이들은 타락한 인간성을 가지고 태어났지만 선한 본성도 가지고 있다. 즉 선과 악에 대한 성향과 기질 그리고 선악에 대한 호기심을 모두 가지고 있다. 여기에 교육의 필요성이 있다. 아이의 성향 중 선한 것을 키우려는 희망에서 자녀교육은 시작되어야 한다.

크리스천 부모들의 현주소

예수 그리스도를 구주로 영접하기 이전에 나는 교단에 선 교사로서 크리스천 부모들에 대해 반감을 갖고 있었다. 그것은 크리스천 부모들이 부모로서 책임을 다하지 못한다는 생각에서였다. 준비물을 챙겨오지 않는다거나 숙제를 해오지 않는 아이 중 다수가 크리스천의 자녀였기 때문이다. 이러한 감정을 부추긴 일 중의 하나가 시내 변두리의 학교에 근무할 때 일어났다.

방과 후 조용히 빈 교실에서 업무를 보고 있는데 교실 뒷문이 드르륵 세찬 소리를 내며 열렸다. 깜짝 놀라 바라보니 작은 사내아이 하나가 물에 옷이 젖은 채 들어와서는 들고 있던 대야에 담긴 것을 교실 바닥에 확 엎고 달아났다. 물에 젖은 교실 바닥에 살아 있는 물고기들이 펄떡거렸다. 학교 뒤에 있던 연못에서 건져온 물고기였다. 몇 번 그런 일이 있은 후 아이는 내게 속마음을 털어놓았다. 집에 가면 아무도 없고 외롭다는 것이었다.

"하루 종일 엄마는 심방 가고 아빠는 회사 가고…."

그때 나는 불신자였기 때문에 심방(尋訪)이 무엇인지 몰랐지만 아이를 외롭게 하고 노엽게 하는 부모를 좋게 볼 수가 없었다.

그 후 나는 크리스천이 되었지만 교사로서 크리스천 부모에 대한 견해가 긍정으로 바뀐 것은 아니다. 교무실에서 한담을 나누는 교사들의 이야기 속에서 크리스천 부모들은 무책임한 사람들로 이야기되곤 했다.

"도대체 무관심하고 말만 번드레하다."

"제 자식조차 모르는데 어떻게 하나님을 아느냐?"

이런 교사들의 이야기를 들으며 학교 전도의 사명을 가진 나로서는 가슴이 조마조마하지 않을 수 없었다. 나뿐만 아니라 많은 크리스천 교사들이 불신 교사들의 이런 이야기에 당황하는 때가 많다.

어느 날 타교에 근무하는 후배 교사의 전화를 받았다. 그녀의 격앙된 목소리로 전해진 사건의 내용은 이러했다.

몇 명의 아이들이 슈퍼마켓에서 초콜릿을 훔치다 현장에서 붙잡혔다. 문제는 아이들이 자신들의 잘못을 전혀 인식하지 못하고 있다는 것이었다. 결국 부모님들이 담임의 호출을 받고 학교에 왔다.

그중 한 아이의 부모는 교무실에 들어서자마자 "내가 교회의 집사인데 우리 아이가 그럴 리가 없다"라며 노발대발하더란다. 기가 막힌 아이의 담임교사는 이렇게 대꾸했다고 한다.

"집사의 아이인지 목사의 아이인지 모르지만 도둑질한 것은 분명합니다."

부정적인 면만 이야기하고 싶지는 않다. 때로 동료 교사로부터 반가운 소리를 듣기도 한다.

"하나님을 믿는다는 건 참 행복인 것 같아요. 우리 반 희야네 집은 정말 행복해보여요. 아이의 일기장엔 가족이 함께 기도하고 찬양드리는 모습이… 사랑이 넘치는 것 같아요."

그러나 성경에 나타난 자녀교육에 대한 하나님의 명령의 지엄성을 깨닫지 못하고 안일한 자세를 가진 크리스천 부모들이 아직도 많은 것 같다.

학교 안에서 신앙교육을 할 때 가장 크게 반발하는 사람들은 기독교에 대해 전혀 모르는 사람들이 아니었다. 오히려 그들은 일련의 호기심을 갖고 대하는 반면 기독교 가정에서 자라난 사람들이 더 크게 대적하고 비난했다.

한 동료 교사는 눈이 마주치기만 해도, "예수 믿는 것들은…" 하고 격렬히 크리스천을 대적하곤 했는데 알고 보니 그의 아버지가 목사님과 다투고 교회를 떠난 장로였다. 아버지가 바른 자녀교육의 모델을 보여주지 못해 그는 크리스천을 대적하는 자리에 서게 된 것이다.

> 그러므로 감독은 … 자기 집을 잘 다스려 자녀들로 모든 단정함으
> 로 복종케 하는 자라야 할지며 (사람이 자기 집을 다스릴 줄 알지
> 못하면 어찌 하나님의 교회를 돌아보리요) … 집사들은 한 아내의
> 남편이 되어 자녀와 자기 집을 잘 다스리는 자일지니 딤전 3:2-5,12

내가 '크리스천의 삶을 위한 자녀교육'이란 주제로 전국의 여러 교회를 다니며 강연을 한 후 가장 많이 듣는 이야기가 '충격을 받았다'는 것이었다. 성경이 자녀교육에 대해 계속 지시하고 있음에도 불구하고 그것이 충격적으로 느껴졌다는 것은 그동안 크리스천 부모들이 자녀교육의 중요성을 절감하지 못했다는 뜻이기도 하다.

크리스천의 자녀교육은 부모나 교사(학교와 교회)가 교육에 대한 절실한 필요성을 실감하는 데서부터 시작된다. 그것이 하나님의 절대명령이며 무엇보다도 중요한 주님의 일이라는 자각이 있어야만 한다.

자녀교육에 대한 열망은 인간의 어떤 각오나 결단보다도 하나님의 요구에 대한 순종의 차원으로서 응답된다. 자녀교육은 하나님과 동역자로서 손을 잡는 일임과 동시에 영적투쟁이며 땀 흘리는 헌신과 눈물의 인내를 요구하는 일이기 때문이다.

특히 크리스천 부모들은 하나님께 자신을 도구로 드리겠다는 각오가 있어야 한다. 부모일지라도 준비되지 않은 사람을 하나님은 동역자로 삼지 않으시기 때문이다. 하나님은 소경에게 소경을 인도하도록 허락지 않으셨다(마 15:14).

어느 전도사가 중고등부 수련회에 학생들을 인솔하고 갔는데 길을 잘못 알아 다른 길로 갔다고 한다. 그런데 부지런히 앞서 가다가 뒤를 돌아보니 학생들이 앞서가는 자기를 믿고 부지런히 줄을 지어 따라오더라는 것이다. 그 전도사는 이 일을 통해 지도자의 위치와 역할에 대해 크게 깨달았노라고 말했다.

하나님은 먼저 부모가 눈을 뜨기를 원하신다. 교육의 필요성에 눈 뜨게 하시고 교육에 헌신하고자 하는 뜨거운 열망에 눈뜨게 하신다. '깨닫는 마음과 보는 눈과 듣는 귀'(신 29:4)를 원하시고 훈련을 준비시키신다.

성경에 나타난 자녀교육

성경은 창세기부터 요한계시록에 이르기까지 하나님의 자손과 땅의 자손과의 투쟁으로 이어진다. 창세기 5장에서 우리는 하나님의 고뇌를 발견하게 된다.

아담 자손의 계보가 이러하니라 하나님이 사람을 창조하실 때에 하나님의 형상대로 지으시되 남자와 여자를 창조하셨고 그들이 창조되던 날에 하나님이 그들에게 복을 주시고 그들의 이름을 사람이라 일컬으셨더라 아담이 일백삼십 세에 자기 모양 곧 자기 형상과 같은 아들을 낳아 이름을 셋이라 하였고 창 5:1-3

아담을 통해 하나님의 후손이 생육하고 번성하기를 원하셨으나 아담은 죄된 자기 형상을 닮은 아들을 낳았던 것이다.

하나님은 자신의 형상이 파괴된 세상을 보시며 인간 지음을 한탄하셨으나(창 6:5,6), 하늘의 씨를 포기하지 않으시고 아브라함을 택하신다. 그리고 그 가정의 하나님이 되시고 아버지가 되신다(창 17:7).

하나님은 아브라함에게 우여곡절 끝에 백 세에 얻은 아들 이삭을 바치라고 요구하신다. 그것은 하나님 자신이 약속의 아버지이심을 확인하시고자 함이었다. 아브라함은 하나님 앞에서 아버지의 자리를 포기하는 아픔을 겪어야 했다(창 22장).

그러나 아브라함이 자식을 하나님께 드렸을 때, 곧 자신의 아들 이삭이 하나님의 자녀임을 인정했을 때 하나님은 아브라함을 열국의 아비가 되게 하셨다.

하나님의 아버지로서의 주권 행사는 성경 전반에 면면히 이어진다. 그것은 장자가 아닌 야곱을 택하심, 요셉과 그의 차자 에브라임에게 내리신 선택적 축복으로 이어지면서 아브라함의 씨는 그 가정의 제사장직과 선지자직을 맡게 된다(창 48:20). 즉 구속함을 입은 자들은 자신의 자녀들에게 구속자이신 하나님에 대해 전해야 하며, 그들의 아버지가 곧 하나님이심을 알려야 한다는 명령을 받게 되는 것이다.

하나님은 출애굽 시 어린양을 택할 때, "너희 매인이 어린 양을 취할지니 각 가족대로 그 식구를 위하여"(출 12:3)라고 말씀하신다. 유월절 의식은 개인의 구속을 다루는 것이 아니라 하나님의 백성의 집안을 다루는 것으로 이 예식 준행의 명령 후 하나님은 이렇게 말씀하신다.

> 이후에 너희 자녀가 묻기를 이 예식이 무슨 뜻이냐 하거든 너희는
> 이르기를 이는 여호와의 유월절 제사라 여호와께서 애굽 사람을
> 치실 때에 애굽에 있는 이스라엘 자손의 집을 넘으사 우리의 집을
> 구원하셨느니라 하라 하매 백성이 머리 숙여 경배하니라 출 12:26,27

하나님께서 부모들에게 하신 명령은 자녀들에게 너희는 구속받은 백성이며, 구속하여 주시는 하나님께 속한 자들이라는 것을 가르쳐 알게 하는 것이었다. 그들 자신이 하나님을 알기도 전에 구속하시고 자녀로 삼으신 하나님의 사랑을 알고 감사하라는 것이다.

구속의 피인 어린 양의 피를 뿌린 문에다 하나님의 율법의 말씀을 기록하고 자녀들이 들고 나며 하나님의 자녀로서의 가르침을 받도록 하라는 것이다.

신명기 중 가장 중요한 부분이 신명기 6장 4절에서 9절까지인데 이 것을 '쉐마' 라고 부른다. '쉐마' 에서는 나와 하나님과의 관계만을 믿음이라고 하지 않는다. 믿음은 나와 하나님과의 관계이지만 동시에 내 이웃이나 자녀에게 가르쳐야 하는 교육적인 책임을 수반한다.

부모는 구속의 기쁨 가운데서 자녀들을 교육시키라는 하나님의 명령을 위임받는다. 이것은 해도 좋고 안 해도 좋은 것이 아니다. 구속의 기쁨을 누리는 부모는 자녀들에게 하나님이 하신 일을 말해주고 하나

님에 대한 개인적인 지식을 갖도록 가르쳐 하나님을 자신의 아버지로 받아들이도록 교육시킬 책임이 있다.

성경은 사무엘서에 나오는 두 가정의 이야기를 예로 들어 이것을 우리에게 가르친다.

사무엘서에서는 두 가정의 이야기가 대조적 성격을 띠면서 전개되는데 엘가나의 가정과 엘리의 가정이다. 엘가나의 아내 한나는 아기를 낳지 못해 마음이 괴로워서 하나님께 기도하고 통곡하며 서원한다. 하나님은 그녀의 기도를 받으시고 그녀에게서 사무엘을 낳게 하신다. 한나는 사무엘이 하나님의 자녀임을 분명히 알았으므로 기꺼이 하나님께 아이를 드린다.

> 이 아이를 위하여 내가 기도하였더니 여호와께서 나의 구하여 기도한 바를 허락하신지라 그러므로 나도 그를 여호와께 드리되 그의 평생을 여호와께 드리나이다 하고 그 아이는 거기서 여호와께 경배하니라 삼상 1:27,28

어머니의 고백을(가르치심) 듣고 자란 아이 사무엘은 세마포 에봇을 입고 하나님을 섬기며 성장한다(삼상 2:18).

그러나 엘리 제사장은 자신의 자녀인 홉니와 비느하스에게 그들이 하나님의 자녀임을 가르치지 않았다. 그래서 그들은 하나님의 사랑을 멸시했다.

엘리의 아들들은 불량자라 여호와를 알지 아니하더라 ⋯ 이 소년
들의(홉니와 비느하스) 죄가 여호와 앞에 심히 큼은 그들이 여호와의
제사를 멸시함이었더라 삼상 2:12,17

엘리 제사장은 하나님과 자기 자녀와의 사이에 제사장이 되어야 하
고 중재자가 되어야 함을 알지 못했던 것이다. 하나님의 권위의 상징
인 가정에서 하나님이 멸시를 받으시자 하나님은 진노하셨다.

너희는 어찌하여 ⋯ 네 아들들을 나보다 더 중히 여겨 내 백성 이
스라엘의 드리는 가장 좋은 것으로 스스로 살찌게 하느냐 ⋯ 나를
존중히 여기는 자를 내가 존중히 여기고 나를 멸시하는 자를 내가
경멸히 여기리라 삼상 2:29,30

엘리는 자녀의 행실을 소문을 듣고 나서야 알 정도로 교육에 관심
이 없었다.

내 아들아 그리 말라 내게 들리는 소문이 좋지 아니하니라 삼상 2:24

교육은 치료가 아니라 예방이다. 소문을 듣고 가르치려 할 때는 이
미 때를 놓친 것이다.

그들이 그 아비의 말을 듣지 아니하였으니 삼상 2:25

엘리의 집에 대한 징벌은 사무엘을 통해 예언된다.

내가 그 집을 영영토록 심판하겠다고 그에게 이른 것은 그의 아는 죄악을 인함이니 이는 그가 자기 아들들이 저주를 자청하되 금하지 아니하였음이니라 그러므로 내가 엘리의 집에 대하여 맹세하기를 엘리 집의 죄악은 제물이나 예물로나 영영히 속함을 얻지 못하리라 하였노라 삼상 3:13,14

결국 이 일로 하나님의 언약궤는 블레셋 사람에게 빼앗기게 되었고 엘리의 두 아들 홉니와 비느하스는 전쟁터에서 죽임을 당하고 엘리는 목이 부러져 죽었으며 그의 며느리는 해산하다가 죽었다.

자녀를 바로 가르치지 못한 죄는 하나님의 나라를 망하게 하는 일이며, 개인과 가정 국가를 망하게 하는 일이라는 것을 엘리 제사장의 가정을 들어 하나님은 우리에게 가르치신다. 엘리의 자식들은 올바른 가르침을 받지 못해 하나님의 나라를 그르쳤으나 사무엘은 하나님께 쓰임을 받게 된다.

사무엘이 자라매 여호와께서 그와 함께 계셔서 그 말로 하나도 땅에 떨어지지 않게 하시니 삼상 3:19

자녀교육의 중요성을 절실히 보여주는 또 한 가정이 있다. 바로 다윗의 가정이다. 다윗은 개인적으로는 하나님의 마음에 합한 하나님이 사랑하는 자였으나 가정적으로는 비극적이라 할 수밖에 없다.

헷 사람 우리아를 죽이고 그의 아내 밧세바를 취하여 가정의 순결성을 상실한 다윗에게 하나님은 엄벌을 내리시는데 그것은 다윗과 그 자녀들에게 가혹한 벌이었다. 다윗은 아들들에 의해 왕권의 침해를 받고 쫓겨다니게 되었다. 압살롬과 아도니야가 아버지 다윗을 대적하여 왕이 되려 한 것이다.

우리는 열왕기상 1장에서 다윗이 아버지로서 가르치는 사명을 다하지 못했으며, 하나님 안에서의 가정의 의미와 자녀교육의 중요성을 인식하지 못했던 실책을 엿볼 수 있다.

그 부친이 네가 어찌하여 그리 하였느냐 하는 말로 한 번도 저를 섭섭하게 한 일이 없었더라 왕상 1:6

성경에 있어서의 자녀교육은 하나님의 자손을 번성케 하는 일이고, 하나님의 나라를 세우는 일이기 때문에 절대 명령권을 갖는 일이다. 그러므로 하나님의 요구에 대해 부모가 깨어 순종해야 하는 것임에도 불구하고 이러한 사실에 무지할 때 크리스천 자녀교육은 헛바퀴를 돌 수밖에 없다.

그리스도 안에서의 새로운 가정 ▮

크리스천의 자녀교육은 생명교육이므로 하나님은 먼저 생명을 요구하신다. 그러므로 부모가 먼저 산 제사로 하나님께 드려져야(롬12:1) 한다.

부모는 그 자녀에게 구속의 하나님에 대해 확신 있게 말해주어야 한다. 즉 십자가의 예수 그리스도를 통해 죄로부터 구원을 받은 사건과 그로 인한 감사와 기쁨을 자녀에게 반드시 가르쳐야 한다.

하나님은 인간에게 아버지로서 끝없이 자신을 드러내신다. 그러나 인간은 끝없이 하나님을 거역하여 개인과 가정, 나라와 모든 족속의 아버지로 인정하지 않으려 한다. 그럼에도 하나님은 자신의 자손들을 포기하지 않으시고 사랑으로 새 가정을 성취하시는 것이다.

그래서 하나님은 아담과 하와가 에덴동산에서 죄악으로 하나님의 가정을 파괴시켰을 때 하셨던 약속인(창 3:15) 여자의 후손인 예수 그리스도를 이 땅에 보내신다. 하나님은 하나님의 가정을 성취하시기 위해 자신의 아들을 버리는 아픔을 감내하셔야 했지만 불순종의 첫째 아들 아담에게서 실패하셨던 가정을 순종의 아들 예수로서 다시 세우신 것이다.

우리가 흙에 속한 자의 형상을 입은 것 같이 또한 하늘에 속한 자의 형상을 입으리라 고전 15:49

독생자를 희생 제물로 내놓으심으로 믿는 자들을 영원한 가정인 천국까지 이르게 하신 것이다. 존 밀턴은 이렇게 말했다.

인간의 영혼이 존귀한 이유는 두 가지가 있다. 첫째는 하나님의 형상대로 지음을 받은 까닭이요, 둘째는 그리스도께서 그들을 구원하기 위해 십자가에 못 박힌 까닭이다.

파괴된 하나님 자녀의 형상이 예수 그리스도의 구속의 피로 거듭남으로써 새로운 자녀가 될 수 있는 것이다.

성령이 친히 우리 영으로 더불어 우리가 하나님의 자녀인 것을 증거하시나니 롬8:16

또한 예수께서는 가정에 대해 새로운 개념을 형성시키신다.

예수께서 무리에게 말씀하실 때에 그 모친과 동생들이 예수께 말하려고 밖에 섰더니 한 사람이 예수께 여짜오되, 보소서 당신의 모친과 동생들이 당신께 말하려고 밖에 섰나이다 하니 말하던 사람에게 대답하여 가라사대 누가 내 모친이며 내 동생들이냐 하시고 손을 내밀어 제자들을 가리켜 가라사대 나의 모친과 나의 동생들을 보라 누구든지 하늘에 계신 내 아버지의 뜻대로 하는 자가 내

형제요 자매요 모친이니라 하시더라 마 12:46-50

하나님의 뜻대로 예수 그리스도로 말미암아 그의 자녀가 된 자들이 하나님의 가정의 일원이 된다는 것이다.

영접하는 자 곧 그 이름을 믿는 자들에게는 하나님의 자녀가 되는 권세를 주셨으니 이는 혈통으로나 육정으로나 사람의 뜻으로 나지 아니하고 오직 하나님께로서 난 자들이니라 요 1:12,13

하나님은 지금도 성령께 이끌려 하나님을 아바 아버지라 부르는 자들을 자녀로 삼으시고 그 후사들로 말미암아 하나님의 가정을 이루어 나가시며 지경을 넓혀 가신다(롬 8:13-17).

새 가정의 창조주이신 예수 그리스도의 '가르치시며 천국 복음을 전파하시며 모든 병과 모든 약한 것을 고치시는'(마 9:35) 사역의 동역자들을 통해 하나님의 나라는 확장되어 간다.

예수 그리스도는 가르침의 영역을 증폭시켜 아버지로서의 하나님뿐만 아니라 아들로서의 하나님, 성령으로서의 하나님을 증거하신다. 또한 이미 영생을 얻은 하나님의 자녀들에게 이 땅에서 천국을 사는 삶을 가르치신다.

나 역시 예수 그리스도를 구주로 영접한 후 내 삶의 모든 영역에서 주님이 주인이 되시기를 원하신다는 것을 알았다. 특히 하나님은 나의 일터인 교단을 내어놓기를 원하셨고 우리 교실의 주인이 되기를 원하셨다.

어느 봄날 출근하여 교실에서 하루를 맡기는 기도를 드릴 때 강렬한 성령의 음성을 듣게 되었다. 그분이 나를 전도자로 교단에 서라고 하셨을 때 나는 교사라는 명목을 내세워 거부했다. 그때 성령께서는 나에게 강한 깨달음을 주셨다.

'참 교사란 무엇이냐? 네가 깨달아 알게 된 가장 소중한 것을 제자들에게 주는 것이 아니겠느냐? 마치 좋은 진주를 구하는 장사가 극히 값진 진주 하나를 발견하고는 가서 자기의 소유를 다 팔아 그 진주를 사는 것과 같이(마 13:45,46) 이제 네가 생명을 얻는 지식을 알았으니 생명을 네 아이들에게 가르치는 것이 합당치 않겠느냐.'

나는 결국 성령께 우리 반 아이들과 나 자신을 맡기기로 했다. 성령님은 우리 반에서 가르치는 사역을 시작하셨다.

아침마다 내가 드릴 수 있었던 기도는 "주님 이 교실의 담임이 되어주세요" 하는 것이었다. 아이들과 나는 아침마다 예배를 드렸고 성령님은 그 예배를 통해 우리들을 가르치셨고 순간순간마다 우리와 함께하시며 즐거워하셨다. 아이들은 하나님을 아버지라 부르며 따랐고, 하나님은 그 아이들의 아버지가 되셔서 새로운 한 가정을, 교회를 이루어나가셨다.

CHAPTER 02

자녀교육의 함정

부모들은 자녀들이 벙어리 되게 하고 귀먹게 하는, 그리하여 거품을 품고 이를 갈며 살아가게 하는
세력에 대해 눈을 떠야 한다. 하나님의 자녀의 권세를 누리지 못하게 하는 어둠의 권세에 대해 정면
으로 대적해야 한다.

사탄의 총공격

자녀교육의 적(敵)을 아는 일은 매우 중요하다. 왜
냐하면 침범하는 적의 정체를 명확히 알아야만 그들과 싸워 승리할
수 있기 때문이다.

사람들은 각자 나름대로 교육의 적을 분석하고 있다. 물질문명, 인
성교육의 미흡함, 문란한 문화와 주입식 교육의 과잉 몰입과 같은 여
러 현상을 통해 해결책을 고심한다. 물론 이것들이 잘못된 답은 아니
다. 그러나 성경은 이러한 것들을 조종하는 배후 세력이 있음을 알려
준다.

창세기 3장부터 '그'는 정체를 드러낸다. '그'는 사탄이다. 사탄은

여자에게 하나님 말씀을 거역하도록 가르친다(창 3:1-6). 그리하여 하나님의 자녀를 타락시켜 하나님의 가정을 파괴시켜버린다. 그는 인간들에게 끝없이 하나님을 거역하도록 하며 자신의 나라를 인간 속에서 세워나가려 한다. 바벨탑, 소돔과 고모라 같은 곳에 그가 도사리고 있다. 그에게는 하나님의 자손들의 생육하고 번성함이 가장 큰 치명상이다. 그래서 이스라엘의 애굽 노예 시절 사탄은 애굽왕을 움직여 이스라엘의 후손을 멸하려 했다.

> 애굽 왕이 히브리 산파 십브라라 하는 자와 부아라 하는 자에게 일러 가로되 너희는 히브리 여인을 위하여 조산할 때에 살펴서 남자여든 죽이고 여자여든 그는 살게 두라 출 1:15,16

그러나 하나님은 산파들로 하여금 하나님을 두려워하는 마음을 갖게 하셔서 하나님의 자손을 죽이지 못하게 하셨다. 모세의 출생 때와 같이 예수 그리스도의 출생 직후에도 어린아이들이 수난을 당한 것은 (마 2:16) 우리에게 많은 것을 시사해준다.

하나님의 사랑은 자신의 자녀들을 보호하시기에 신실하시나 인간은 우상의 팔에 자녀를 넘겨주고 자녀를 불로 통과하게 하여 하나님의 마음을 아프게 한다.

> 너는 결단코 자녀를 몰렉에게 주어 불로 통과케 말아서 네 하나님

의 이름을 욕되게 하지 말라 나는 여호와니라 레 18:21

이방 사람의 가증한 일을 본받아 자기 아들을 불 가운데로 지나가
게 하며 왕하 16:3

아모리 사람들이 섬기는 우상 몰렉에 대한 예배 방법은 너무나 잔
인했다. 어린아이를 희생 제물로 바치는 것인데 이 의식은 아이를 죽
여 그 시체를 불에 벌겋게 달구어 몰렉의 팔에 올려놓는 것이다. 이것
을 이스라엘 사람들이 본받아 행했던 것이다. 우상에게 자녀를 산 채
로 바치는 행위를 말이다.

지금 이 시대에도 얼마나 많은 부모들이 자녀를 우상에게 내어 맡
기는지 모른다. 물질의 우상, 문화의 우상 등에 아이들을 내몰고 있으
면서도 그 뒤에 있는 사탄의 웃음을 눈치채지 못한다. 사탄은 우리의
자녀들을 놓지 않으려 한다.

바로가 그들에게 이르되 내가 너희와 너희 어린 것들을 보내면 여호
와를 너희와 함께하게 함과 일반이니라 삼갈지어다 너희 경영이 악
하니라 그는 불가하니 너희 남정만 가서 여호와를 섬기라 이것이 너
희의 구하는 바니라 이에 그들이 바로 앞에서 쫓겨나니라 출 10:10,11

이스라엘의 출애굽 당시 바로는 장정만 가고 어린아이들은 데리고

가지 못하게 했다. 여기서 이스라엘의 장정은 만 13세에 성인식을 치른 남자를 말한다. 이 말씀에 비춰볼 때 13세 이전에 신앙교육을 하지 않으면 우리 자녀들을 사탄에게 내어주게 된다는 의미를 유추해낼 수 있다. 심리학자들도 청소년 중기인 14, 15세를 지나면 신앙교육의 실효를 거둘 수 없다고 말하고 있다. 어린 시절에 철저히 교육받은 신앙이야말로 어른이 되기까지 갖게 될 영적인 태도를 결정한다. 가톨릭의 한 지도자는 "아이를 일곱 살이 될 때까지 맡겨주면 그에게 생명을 줄 수 있다"라고 했다.

그러므로 하나님의 나라를 실현시킬 커다란 가능성을 가진 아이들을 사탄은 가만두지 않는다. 세상의 영은 아이들이 자신의 소유임을 주장한다. 모든 것을 얻으려면 아이들을 얻어야 하기 때문이다.

여기서 하나님의 백성이 하나님의 자녀를 돌보고 가르쳐야 할 의무를 다시 깨닫게 된다. 하나님나라의 장래가 우리 아이들에게 달려 있기 때문이다.

마가복음 9장에 보면, 한 아비가 벙어리 귀신들린 아들을 데리고 예수님께로 나온다. 아들은 귀신에게 사로잡혀 어디서든지 거꾸러져 거품을 흘리며 이를 갈고 파리해져갔다. 언제부터 이렇게 되었느냐고 물으시는 예수님께 그 아이의 아비가, "어릴 때부터"(21절)라고 한다. 우리가 알지 못하는 사이에 사탄의 권세 아래 파리해져가고 있는 자녀들이 얼마나 많은가.

예수님은 더러운 귀신을 꾸짖으며 다음과 같이 말씀하셨다.

벙어리 되고 귀먹은 귀신아 내가 네게 명하노니 그 아이에게서 나
오고 다시 들어가지 말라 막 9:25

부모들은 자녀들이 벙어리 되게 하고 귀먹게 하는, 그리하여 거품
을 품고 이를 갈며 살아가게 하는 세력에 대해 눈을 떠야 한다. 하나님
의 자녀의 권세를 누리지 못하게 하는 어둠의 권세에 대해 정면으로
대적해야 한다.

우리의 씨름은 혈과 육에 대한 것이 아니요 정사와 권세와 이 어두
움의 세상 주관자들과 하늘에 있는 악의 영들에게 대함이라 엡 6:12

내가 미션스쿨이 아닌 학교에서 아이들과 함께 예배드리고 아이들
을 하나님의 말씀으로 가르치면서 느낀 것은 이 일이 영적전쟁이라
는 것이었다.

나는 새벽마다 성령께 이끌려 학교를 위해 두 시간씩 기도로 무장
했지만 순간마다 깨어 기도하지 않으면 우는 사자처럼 달려들어 예배
를 방해하고 괴롭히는 세력과 부딪쳐야 했다. 학부형들의 전화나 동
료 교사들의 험담 등 외적인 압력과 이런 상황에서 무엇을 할 수 있겠
느냐는 나 자신에 대한 회의로 무력감에 사로잡히게 하는 내적인 압
력들이 이어졌다.

"종교교육을 하지 말라"라는 지시를 받을 때마다 "주는 나를 돕는

자시니 내가 무서워 아니하겠노라 사람이 내게 어찌하리요"(히 13:6)라는 말씀을 되새기곤 했다.

학부모들이 몰려와 학교에서 종교교육이 합당하냐고 따질 때 나는 이렇게 말했다.

"이 악한 세대에 당신의 뜻대로 자녀를 키울 자신이 있습니까? 나는 사랑이신 하나님께 아이들을 맡겨드릴 뿐입니다."

성령께서는 강하고 담대하게 나를 이끌어가셨고, 불교 정신을 전파하기 위해 세워진 학교에서 하나님의 나라를 확장해가게 하셨다.

> 종말로 너희가 주 안에서와 그 힘의 능력으로 강건하여지고 마귀의 궤계를 능히 대적하기 위하여 하나님의 전신갑주를 입으라 … 이는 악한 날에 너희가 능히 대적하고 모든 일을 행한 후에 서기 위함이라 엡 6:10,13

위장된 사랑과 방임주의

'내 아이 기 살리기'에 요즘 부모들은 열을 올리고 있다. 그래서 질책받지 않고 자라는 버릇없는 아이들이 늘고 있다. 아이러니하게도 '내 아이 기 살리기'에 몰두하는 부모일수록 '남의 아이 기죽이는 일'이 허다하다.

귀엽고 영리한 E라는 남자 아이가 있었다. E는 하루라도 남을 건드리지 않는 날이 없었다. 꼬집고 물고 뜯어 상대방의 얼굴이나 몸에 큰 상처를 입히곤 해서 같은 학년 학부형들은 자녀가 E와 한 반이 되는 걸 꺼렸다. E를 담임하게 되는 교사들은 피해 학생 부모의 항의 전화를 받는 고역까지 치러야 했는데 정작 E의 부모는 태연했다. 오히려 다른 아이 부모들의 항의에 E를 기죽이지 말라고 했다.

E의 부모는 교회 집사였다. 끈질긴 설득 끝에 E의 부모와 나는 아이를 위해 기도하기로 했고 아이를 하나님의 말씀으로 가르치자고 약속했다. 참으로 다행한 일이었고 E는 점차 좋아졌다.

자기 아이 기죽이는 일이라고 생각하면 남의 아이 쥐어박기는 예사롭게 하는 부모들이 많다. 무조건적인 사랑과 자유라는 이름 아래 방임주의와 지나친 관대가 교육을 침몰시킨다. 사랑과 제재의 조화를 무너뜨린 이런 풍조는 어른들의 의무를 최소한으로 줄여놓았고 징계를 무조건 해롭고 부당한 것으로, 때로는 무식한 것으로까지 몰아붙였다.

이러한 교육 풍조 속에서 무조건적인 칭찬만이 최고의 교육 효과인 양 거론된다. 칭찬이 자기 존중심을 갖게 하고 매사에 적극성과 자신감을 주는 명약임에는 틀림없으나 징계와 균형을 이루어 사용되어야 한다.

초달을 차마 못하는 자는 그 자식을 미워함이라 자식을 사랑하는 자는 근실히 징계하느니라 잠 13:24

네 자식을 징계하라 그리하면 그가 너를 평안하게 하겠고 또 네 마

음에 기쁨을 주리라 잠 29:17

나라의 보물을 훔쳐 사형장에 끌려간 한 죄수가 마지막으로 어머니를 보고 싶다고 했다. 사람들은 연민의 눈으로 그 모자(母子)를 보고 있었는데 사형수가 갑자기 어머니의 귀를 깨물며 외쳤다.

"어머니는 왜 내가 처음 남의 집 아이 연필을 훔쳤을 때 그냥 두셨어요!"

자녀에게 때로 엄하게 대해야 할 때가 있다. 그러나 사랑이란 위장된 이름 때문에, 때로는 자기의 아픔이 두려워서, 귀찮아서, 무심해서 그때를 놓친다면 자녀는 죄악을 다스릴 지혜를 배우지 못하게 된다.

자녀의 눈물을 보지 않으려고 하는 부모는 자신이 이기적이진 않은지 잘 살펴봐야 한다. 자녀의 눈물은 곧 부모의 눈물이며 가슴을 쪼개는 통증이기 때문이다. 자신이 아픔을 감당할 자신이 없기 때문에 자녀가 마땅히 흘려야 할 눈물을 묵과해서는 안 된다.

아들의 잘못을 회초리로 다스린 후 피멍이 든 다리를 쓰다듬으며 남몰래 눈물지었다는 옛 어머니들이 현대 교육을 받았다며 무조건 치마폭에 감싸는 요즘의 어머니들보다 현명한지도 모른다.

교회교육에서도 이러한 교육의 사조에 휩쓸려 '은혜롭게'를 강조한다. 아이들이 오지 않을까봐 두려워서, 교회는 무조건 사랑해야 하므로 등의 이유로 아이들의 비위를 맞추느라 교회의 질서는 어지러워지고 있다.

죄를 용서하지 말라는 말이 아니다. 때에 맞는 적절한 훈계와 훈련이 필요하다는 것이다.

> 또 아비들아 너희 자녀를 노엽게 하지 말고 오직 주의 교양과 훈계로 양육하라 엡 6:4

신앙생활에서 가장 눈물로 씨를 뿌려야 할 부분이 자녀교육이다. 예수께서 십자가에 못 박히시기 위해 골고다 언덕길을 오르실 때 자신을 따르며 슬피 우는 여인의 무리를 보시고 예루살렘 멸망에 대해 이렇게 말씀하셨다.

> 예루살렘의 딸들아 나를 위하여 울지 말고 너희와 너희 자녀를 위하여 울라 눅 23:28

이 말씀은 오늘도 하나님나라의 장래를 맡을 아이들을 가르칠 부모의 가슴을 찌르며 다가온다.

물질과 시간 속의 사단의 계략

교묘히 위장된 사랑과 자유주의가 교육을 혼미한 환각 상태에 머물게 하듯이 물질의 풍요와 시간의 위축으로 사탄은 부모의 권위를 박탈해간다.

사탄은 물질을 끝까지 담보로 잡고 있다. 모세를 통하여 이스라엘의 구속사를 이루실 때 바로가 끝까지 놓으려 하지 않았던 것이 물질이었다.

> 바로가 모세를 불러서 이르되 너희는 가서 여호와를 섬기되 너희 양과 소는 머물러 두고 너희 어린 것은 너희와 함께 갈지니라 출 10:24

사탄의 계략이 옳았다. 물질은 인간의 욕망과 평안과 풍요의 최선의 길처럼 포장되어 이 세계 속에 자리잡고 있다. 물질 앞에 인간은 자신뿐 아니라 자식의 희생도 마다하지 않는다. 물질이 어느 사이에 사람들의 삶의 목표가 되어버리고 그것을 위한 줄달음으로 시간은 착취를 당한다. 자녀와 함께하고 가르쳐야 할 시간을 매장시키며 사탄은 자녀교육을 물질에게 맡기도록 부모를 유혹한다.

아버지의 권위는 하나님께로부터 부여받은 것임에도 불구하고 물질에 시간을 바치느라 아버지는 물질 공급원으로 전락한다. 자녀의 교육비를 대고 그들의 물질적 요구에 만족을 주는 일에 스스로 만족해버리는 것이다.

현대인들이 가장 많이 쓰는 말 중에 하나가 '바쁘다'이다. 부모도 바쁘고 아이들도 바쁘다. 부모들은 바빠서 부모로서 하나님께 부여받은 교육의 임무를 수행할 시간이 없다. 사탄은 크리스천 교사나 부모들의 시간을 달콤한 물질을 내놓고 훔쳐간다.

며칠 전 병원 대합실에서 만난 한 할머니가 유치원 교사인 딸 자랑을 하다가 이런 이야기를 들려줬다.

하루는 딸이 어린 유치원생을 데리고 집에 와서 하는 말이 이랬다.

"저 아이가 사는 게 지겹다지 뭐예요. 그래서 하루 편안하게 해주려고 집에 데려 왔어요."

집에 데리고 온 다섯 살 난 아이는 부모가 맞벌이였다. 유치원이 파하면 엄마 아빠가 집에 들어오는 저녁 8시까지 이곳저곳 학원을 돌아다녀야 한다는 것이었다.

이 유치원생의 예가 아니더라도 그런 아이들이 많다. 그런 아이들을 보면 옛날 가난해서 논밭 매려고 어린아이를 문고리에 긴 끈으로 묶어놓고 나갔다는 어머니들의 서글픈 삶이 떠오르고 그것과는 성질이 다르지만 우리의 자녀를 묶어놓는 또 다른 방식의 끈을 보는 듯 하여 우울해진다.

학원에 보내는 시간을 줄이라고 하면 대부분의 부모들은 이렇게 대답한다.

"남들 다 보내는데 우리 아이만 놀리는 게 불안해요."

"집에서 놀리는 것보다 낫잖아요."

가르칠 자신은 없고 안 가르치자니 불안하다는 것이다.

교회학교도 사정은 마찬가지다. 직장에 시간이 묶여 있는 교사들은 바쁘다는 이유로 공과 공부를 준비해 올 시간도, 학생을 위해 드리는 기도의 시간도 없이 허겁지겁 아이들 앞에 선다. 말씀의 떡에서 꿀맛도 배부름도 느끼지 못하는 아이들은 교사에게 넌지시 "떡볶이 사주세요"라고 물질로 대신해줄 것을 요구한다.

학교교육은 벅찬 교육 과정 이수 때문에 아이들에게서 인성교육의 시간을 빼앗는다.

하지만 교육은 인내의 시간을 필연적으로 요구한다. 현대인은 조급하고 무엇인가 손에 잡혀야만 성취감을 맛본다. 이에 반해 교육은 오랜 세월을 필요로 한다.

대만의 어느 유치원을 방문했을 때 교사들이 일부러 슬쩍슬쩍 수도꼭지를 틀어놓는 것을 보았다. 물이 흐르는 걸 본 아이들이 달려가서 수도꼭지를 잠궜다. 교사들은 '수도꼭지 잘 잠그기'나 '일어난 후 의자 바로 놓기' 실습을 두 달 정도 계속 반복한다고 했다. 하나의 행동 수정을 위해 이처럼 오래 인내해야 하는 것이 교육이다.

그러나 요즘 부모나 교사들은 자신들이 편하기를 원하며 무엇보다 당장 눈앞에 보이는 성과에 연연해 한다. 오랜 인내의 시간을 참아내지 못해 교육자로서 포기의 백기를 든다.

여호수아는 적을 물리치고 하나님의 나라를 확장하기 위해 하나님께 시간을 구하는 기도를 했다. 하나님은 그 기도를 들으시고 태양을 기브온 위에 머물게 하셨다(수 10:12,13).

교육의 시간을 훔쳐가는 적을 대적하기 원한다면, 하나님 자녀를 기르기 위해 인내의 시간을 가질 것을 결심한다면, 하나님은 우리의 시간을 확보해주실 것임에도 많은 부모들이 믿음을 보이지 못한다.

가르치는 자를 위축시키는 시대의 조류

크리스천 부모들의 교육에 대한 의욕을 상실시키거나 변명하게 만드는 몇 가지 흐름들이 이 시대 교육 사조 속에 스며들고 있다.

첫째는, 어머니들에게 자식과 가정을 위해 헌신하는 것이 무의미한 일이라고 부추기는 것이다.

어느 날 갑자기 들여다 본 거울 속에서 주름진 얼굴의 낯선 자신을 발견했을 때 대개의 여자들은 허망해진다. 그러므로 자아성취를 위한 '일'을 하라는 것이다. 얼핏 그럴싸하다.

하지만 어머니의 자아성취는 가정을 창조의 장으로 생각하여 얼마든지 실현할 수 있다. 크리스천의 자아성취는 한 알의 씨앗처럼 죽음으로 성취된다. 그러나 많은 크리스천 어머니들이 마치 독립된 자신의 일을 가져야만 자신의 존재 가치가 증명되는 것으로 착각하게 하는 시대의 흐름에 휘말려간다.

언젠가 신문에 한 중년 여인의 자살 사건이 실렸다. 남편은 성공했고 자녀들은 좋은 학교에 입학했으나 자신은 아무것도 성취한 것이 없다고 생각하고 우울증에 걸려 자살했다는 것이다. 많은 여성이 이 여인의 행동에 공감했다.

그러나 그 어머니는 자신이 비워놓은 자리가 남편과 자녀들에게 얼마나 큰 구멍을 낼 것인가를 알지 못했다. 만약 알았다면 그 지경으로까지 자신을 몰고 가진 않았을 것이다.

어느 유능한 젊은이가 있었다. 그는 어린 시절 어머니에게 버림받은 아픈 기억을 갖고 있었다. 어머니 같은 모성애를 가진 여인과 결혼했지만 이런 고백을 했다.

"어머니 자리는 그 누구도 채워줄 수 없는 자리더군요."

요즘 많은 어머니들이 집을 비운다. 자신의 젊음을 위해 에어로빅을 하고 자기 계발을 위해 각종 학원에 다닌다. 좋은 일이다. 그런 활동들이 생의 활기를 넘치게 하기 때문이다.

그러나 아이들이 가장 싫어하는 것이, "학교 다녀왔습니다" 했는데 집에 어머니가 없을 때라는 설문조사 결과는 부모들이 다시금 생각해 볼 일이다.

참다운 사랑은 시간과 물질뿐 아니라 아낌없이 자신을 내어줄 것을 요구한다. 크리스천의 진정한 자기애란 자신을 희생해서 자아를 실현시키는 것이다. 그런 의미에서 어머니로서의 삶은 참다운 크리스천의 삶이다. 섬기는 삶, 녹아지는 삶, 주는 삶이 어머니의 삶이기 때문이다.

크리스천이 된다는 것은 내가 타인에게 무엇인가를 나누어 줄 수 있는가를 묻는 일이지, 상대에게 무엇을 알게 하거나 어떻게 되어 주기를 기대하는 일이 아니다.
                                        — 존 웨스터 호프 3세

하나님은 남에게 주는 삶을 사는 자들에게 기쁨과 소망과 감사의 열매를 맺게 하신다. 모든 것을 주기만 해서 남은 것이 없다고 생각하는 어머니들은 진실한 사랑을 준 것이 아니라는 사실을 알아야 한다. 그런 부모의 내면에는 어머니로서의 이기심이 도사리고 있다. 성경 속의 야고보의 어머니처럼 자녀들이 차지할 위치에 대한 만족감이나 자신이 자녀의 주인이 되어 있는 경우 등의 복잡한 심리적인 이면이 있는 것이다.

진실된 어머니는 자신에게 돌아올 대가를 생각지 않는다. 단지 자녀를 하나님의 자녀로 생각하며 교육을 하나님의 일로 생각하고 하나님께 의탁하며 그 자녀를 하나님과 여러 사람을 위해 내어놓을 준비를 한다.

하나님 앞에서 모든 것에 대해 청지기로 사는 사람은 헌신의 대가를 하나님 앞에서 찾는다. 크리스천은 하나님 앞에서 산다. 크리스천 부모와 교사들이 남몰래 흘리는 눈물이나 땀은 세상 것이 아니다. 하나님의 것이다.

미래학자들의 학설 중 미래에 없어질 직종은 교사나 부모라고 한다. 부모를 직업이라 할 수는 없겠지만 부모의 역할을 제대로 감당 못할 때 아이들은 세상 문화 속에서 부모의 역할을 대신해줄 무언가를 찾는다. 이미 아이들은 인터넷과 텔레비전이 전달하는 가르침에 심취해 있다. 높은 이혼률로 인한 역기능 가정의 증가와 경제난으로 가정을 지키지 못하는 부모들에 대해 아이들은 더 이상 기대하지 않는 시대다.

요즘은 아이들이 오히려 부모의 등을 집 밖으로 밀어낸다. 전업주부인 어머니는 무능한 어머니로 무시하고 대신 직장에서 돈을 벌어와 자신에게 물질을 충분히 제공해줄 수 있는 어머니가 필요하다는 것이다.

세상의 풍조가 그러할지라도 어머니로 성공하는 길처럼 여성을 존귀하게 하는 일은 없다. 빌 보네트 브라이트 여사는 이런 말을 했다.

> 세상에서 소위 성공이라고 부르는 활동이나 다른 일보다도 가정주부로서의 일을 나는 기꺼이 하고 있어요. … 주님께서 선물로 주신 아이의 뒷바라지도 즐겁게 하고 있어요. … 결혼 초기에는 부엌이나 아이에게 매어 있는 자신이 싫었고 마음엔 불만이 가득했어요. 그러나 마침내 그런 생각이 하나님의 뜻에 거역하는 일이라는 걸 깨달았지요.

둘째로, 교육에 있어서 매우 당연한 일이며 마땅히 그래야 할 일인 본을 보이라는 압력이다.

아이들은 교사나 부모의 말이 아닌 행동을 모방한다. 그러므로 부모가 자녀의 본이 되어야 하는 것은 당연한 일이다. 그러나 여기에 묘한 함정이 있다.

바울조차도 자아와의 처절한 투쟁 끝에 나를 본받으라고 말할 수 있었다.

내 속 사람으로는 하나님의 법을 즐거워하되 내 지체 속에서 한 다른 법이 내 마음의 법과 싸워 내 지체 속에 있는 죄의 법 아래로 나를 사로잡아 오는 것을 보는도다 오호라 나는 곤고한 사람이로다 롬 7:22-24

교육에 있어서 누가 아이들의 모범이 되겠는가? 교사나 부모나 모두 그 일에 자신이 없다. 단지 가르쳐야 할 위치에 선 자신을 분명히 의식함으로써 자신의 행동에 규제를 가할 수 있을 뿐이다.

다른 사람을 가르치는 네가 네 자신을 가르치지 아니하느냐 롬 2:21

다른 사람을 가르치는 자리, 그곳은 신성한 곳이다. 그러므로 내 자신이 스스로 가르침을 받아야 할 자리이기도 하다. 대부분의 부모들이나 교사들이 모범을 보이라는 이론에 위축된다. 그러나 성경 속에서조차 우리에게 완전한 본을 보인 인물은 없었다. 우리는 본을 보이기에는 너무나 악하고 나약하여 쓰러지기 쉬운 존재이다.

또한 본을 보이는 것으로 교육을 다 했다고 할 수도 없다.

사무엘은 두 아들에게 모범적인 본을 보였지만 두 아들은 뇌물을 받고 법을 악용했다. 부모나 교사가 모범적인 삶을 산다고 하여 자녀들이 꼭 거룩하게 사는 것은 아니다. 본을 보일 수 없어 교육을 포기하는 사람은 믿음이 없는 사람이다. 믿음의 여인은 이렇게 말할 수 있기 때문이다.

어머니들은 오히려 좋은 조건에 있어요. 왜냐하면 하나님께서는 자기의 힘을 세상에 보이기 위하여 약한 자를 택하셨으니까요. 하나님께 좋은 것을 얻기 위해서는 모든 것을 그분께 맡기면 모든 지혜와 능력과 창조력을 주실 것입니다. 주님은 위대한 여성을 원하시지 않고 다만 그를 따르는 어머니를 원하십니다. '내가 필요한 것은 오직 너이니라' 고 말씀하십니다.

– 빌 보네트 브라이트

부모들은 아이들에게 본을 보이려 하기 전에 예수 그리스도를 본받아 사는 삶을 결단해야 한다. 그리고 자신이 부모로서 자격 없음을 인정하고 주님을 교육의 장에 초대하여 그분으로부터 먼저 가르침을 받아야 한다.

아이들은 하나님의 자녀이므로 자녀를 바르게 가르치려는 헌신을 할 때 그분 자신의 자녀를 위하여 하나님은 모든 은혜와 지혜를 주실 것이다. 크리스천 부모는 이런 믿음에서 난 자신감을 특권으로 누릴 수 있다.

너희 중에 누구든지 지혜가 부족하거든 모든 사람에게 후히 주시고 꾸짖지 아니하시는 하나님께 구하라 그리하면 주시리라 약 1:5

이는 내가 약할 그때에 곧 강함이니라 고후 12:10

이 약속의 말씀들은 우리에게 커다란 힘이 된다. 또한 나약함을 인정하는 겸허함으로 자녀에게 기도를 부탁하는 자세로 설 때 자녀들은 부모를 통해 하나님을 경외하는 삶의 본을 볼 것이며 참다운 지혜를 얻게 될 것이다.

여호와를 경외하는 것이 지혜의 근본이요 거룩하신 자를 아는 것
이 명철이니라 잠 9:10

셋째로, 크리스천 자녀교육이 학교교육의 형태를 따르고 있다는 것이다.

크리스천 자녀교육이 독창적인 노선에 있지 않고 학교 수업 형태를 모방하고 있다. 이것은 어떤 면에서 상당한 위험성을 내포하는데 종교로서의 '기독교에 관해서' 가르치는 것으로 끝날 수 있기 때문이다. 단지 성경 지식이나 도덕적인 규범만 주입됨으로서 살아계신 하나님을 인격적으로 만나는 데 오히려 방해 요소가 될 수 있다.

'성경 지식을 안다'는 것과 '말씀이신 예수 그리스도의 제자로서 살아간다는 것'의 차이는 현저하다. 종교로서의 기독교를 넘어서 가슴으로 하나님을 받아들이고 그와 함께 사는 삶으로서의 크리스천 자녀교육을 해야 한다.

크리스천 자녀교육은 아이들을 어떤 규범에 맞춰 넣으려 하거나 어떤 지적인 것을 암기시키려는 것이 아니다. 크리스천의 책임은 타인

과 함께 크리스천이 되고자 노력하는 일이다. 그러므로 지식 교수형의 답습보다는 신앙 공동체 속에서 이웃과 함께 하나님의 자녀로서 노력하는 삶의 방식을 가르치는 것이 중요하다.

성경을 알고 해석하는 지적 요소로서의 지식을 배격한다는 뜻이 아니다. 다만 신앙교육에 있어서 학교형의 교육이 전부인 양 받아들여지는 것에 문제가 있다는 것이다. 학교형의 교육 역시 교육의 한 부분일 따름이다. 그러므로 학교교육이라는 한정된 형태의 모방은 크리스천 자녀교육의 전인적인 흐름에 한계를 짓는 위험성을 가지고 있다.

여기서 학교교육의 방법이나 학습형태 등을 수용해서는 안 된다는 말이 아니다. 크리스천의 자녀교육은 살아가는 목표와 방식을 가르치는 것으로 삶의 모든 영역에서 작용되어야 한다. 그러기 위해서 하나의 방식으로서 지식이 필요한 것이지 그것이 가장 중심이 되어서는 안 된다는 것이다.

교육의 자료 역시 새로워져야 한다. 놀라운 속도로 발전해 가는 매스미디어의 영향으로 아이들의 흥미는 더 큰 자극을 요구한다. 학교에서 일반적으로 사용되어 온 자료들을 크리스천 자녀교육 현장에서 재활용하려 한다면 아이들의 흥미를 유발시킬 수 없을 것이다.

"그런 것 보았어요", "그건 다 알아요. 학교에서 배웠어요" 하는 정도의 자료가 교회학교에서 활용될 때가 많고 교사들은 그것에 의존하려 한다.

크리스천들은 창조주로부터 창조에 동역하도록 이끌림을 받았으므로(창 2:19) 창조적일 수밖에 없다. 부모는 기도하면서 자연과 사람과 주변의 모든 것을 자료로 삼으시는 창조성을 배워 교육 현장에서 활용하는 노력을 해야 할 것이다.

학교교육의 모방은 오히려 전문직에 대한 열등감을 일으켜 크리스천 교육자들을 위축시킬 뿐이다.

CHAPTER 03

하나님의 동역자로서 부모가 할 일

자녀교육에 있어 '이런 아이에게는 이런 처방을'이란 있을 수 없다. 똑같은 현상을 나타내는 두 아이가 있을지라도 그가 처한 환경과 연관된 일에 따라 문제의 해답은 전혀 다를 수 있기 때문이다. 부모가 할 수 있는 일은 자녀를 지으시고 그의 머리털까지 세신 바 된 하나님께 자녀를 데려가는 일이다.

하나님을 교육의 주체로 모셔라

크리스천 자녀교육에 있어서 부모의 위치와 역할의 범위를 아는 것은 매우 중요하다. 부모는 언제나 하나님과 자녀의 중간에 서서 하나님으로부터 오는 지혜로 자녀를 가르치고 또 그것을 지키게 해야 한다. 하나님의 자녀를 맡아 기르는 자로서, 부모는 사사기의 마노아와 같은 질문을 하나님께 드려야 한다.

마노아가 가로되 당신의 말씀대로 되기를 원하나이다 이 아이를 어떻게 기르오며 우리가 그에게 어떻게 행하오리이까 삿 13:12

"인간의 손으로 인간을 고치려 함은 최악의 잘못이다"라는 자끄마르땡의 말이 아니더라도 사람이 사람을 가르친다는 일은 어려운 일이 아닐 수 없다.

자녀교육에 있어 '이런 아이에게는 이런 처방을'이란 있을 수 없다. 똑같은 현상을 나타내는 두 아이가 있을지라도 그가 처한 환경과 연관된 일에 따라 문제의 해답은 전혀 다를 수 있기 때문이다. 이런 상황에서 부모가 할 수 있는 최선은 자녀를 지으시고 그의 머리털까지 세신 바 된 하나님께 자녀를 데려가는 일이다. 아이들을 예수님께로 데려가는 일을 주님은 기뻐하신다.

> 때에 사람들이 예수의 안수하고 기도하심을 바라고 어린아이들을 데리고 오매 제자들이 꾸짖거늘 예수께서 가라사대 어린아이들을 용납하고 내게 오는 것을 금하지 말라 천국이 이런 자의 것이니라 하시고 저희 위에 안수하시고 거기서 떠나시니라 마 19:13-15

예수님이 아이들을 축복하심을 믿는 믿음은 매우 중요하다. 아이들에게 축복이 임하게 할 수 있었던 것은 부모들이 제자들의 방해에도 불구하고 자녀를 예수님께 데리고 갔다는 데 있다. 이외에도 가나안 여인의 딸과 야이로의 딸이 그의 부모들에 이끌려 예수께로 오고 나음을 입었다. 이렇게 부모들은 예수님께서 안수해주시기를 바라고 자녀를 예수님 앞으로 데려가야 한다.

인간의 가르침의 한계는 아이의 내적인 면에 깊이 관여할 수 없다. 부모는 자녀에게 마음을 다하여 기도하라고 가르칠 수 있다. 그러나 아이가 조용하게 기도하는 자세로 앉아 있다고 해서 그 아이가 하나님께 마음을 다하고 있는지는 알 수 없다. 아이의 내적인 영역을 위해 그저 기도할 뿐이다.

욥이 자녀들을 위해 번제를 드렸듯이 하나님 앞에 거룩한 자녀로 드려지기 위해서 부모가 기도해야 한다.

> 그 잔칫날이 지나면 욥이 그들을 불러다가 성결케 하되 아침에 일어나서 그들의 명수대로 번제를 드렸으니 이는 욥이 말하기를 혹시 내 아들들이 죄를 범하여 마음으로 하나님을 배반하였을까 함이라 욥의 행사가 항상 이러하였더라 욥 1:5

성령이 우리를 그의 도구로 사용하기 위해서는 먼저 우리와 대화를 나눌 수 있어야 하는 것이다. 성령께서는 우리의 기도를 통해 교육의 장에 자리를 잡으시며 가르치시기 시작하신다.

> 사람의 지혜의 가르친 말로 아니하고 오직 성령의 가르치신 것으로 하니 신령한 일은 신령한 것으로 분별하느니라 고전 2:13
> 성령은 진리니라 요일 5:7

바쁠수록 하나님께 시간을 드리자. 하나님은 기도하는 부모에게 지혜와 명철을 주셔서 가르치는 사명을 감당하게 하신다.

내가 학교 현장에서 성령께 이끌려 예배를 드리기 시작했을 때, 출근하여 교실 책상 앞에 앉으면 무엇보다도 먼저 기도를 하게 하셨는데 그 기도의 내용은 매일 같았다.

"주님, 이 교실의 담임이 되어주세요. 그리하여 저와 아이들을 가르쳐주세요. 주님, 제게는 이 아이들을 보호할 능력도 가르칠 능력도 없음을 솔직히 고백합니다."

이러한 기도가 더욱 간절했던 것은 나의 반 아이가 교통사고를 당한 후부터였다. 한 아이가 다리를 절단할 수밖에 없는 사고를 당했을 때 나는 교사로서 너무나 무능력한 것을 깨닫게 되었고 두 달 동안을 눈물의 기도로 매달렸다. 그 후 그 아이는 기적적으로 다리가 나았다. 그동안 꽤나 자신만만한 교사였던 나는 그 일로 인해 인간으로서 한계를 느꼈고 겸손히 하나님 앞에 엎드리게 되었다.

기도는 크리스천 부모와 교사의 능력의 원천이다. 예수님께서도 기도 없이 일하지 않으셨다.

예수는 물러가사 한적한 곳에서 기도하시니라 눅 5:16

그리고 제자들에게 기도를 가르치셨다(눅 11:2).

교육의 주체로서의 하나님을 전적으로 인정해드리고 교육의 장에 그분을 초대하며, 그분을 신뢰하고, 그분 앞에 겸손히 자녀를 이끌어 가는 부모의 헌신과 사랑의 기도가 꼭 필요하다.

그리스도 안에서 일만 스승이 있으되 아비는 많지 아니하니 고전 4:15

크리스천 자녀교육은 기도와 훈련이 분리되거나 한쪽으로 치중되어서는 안 된다. 하나님께 의지하지 않는 교육의 방법은 무모한 것이며 하나님께로부터 오는 지혜로 가르치려 하지 않는 자세 역시 게으른 종으로 질책받을 수밖에 없다.

나는 많은 학부형들을 대한다. 그중 많은 크리스천 부모들이 자녀 교육에 대해 애매모호한 태도를 취하고 있는 걸 볼 수 있다. 특히 하나님을 잘 믿고 하나님의 일을 열심히 잘한다고 자인하는 사람들에게서 볼 수 있는 현상이 '하나님께 자녀를 맡겼다' 는 것이다.

시편 22편 10절에 나오는 다윗의 시에 "내가 날 때부터 주께 맡긴 바 되었고 모태에서 나올 때부터 주는 내 하나님이 되셨사오니"라는 구절이 있다. 여기서 시인은 하나님이 자기의 아버지시며 개인의 하나님이심을 고백하였다.

그런데 많은 크리스천 부모들의 맡긴다는 개념은 기도했으니 하나님이 무조건 책임지실 것이라는 뜻이다. 그런 부모들의 생각대로라면 하나님의 가르치라는 명령은 무의미한 것이며, 예수 그리스도와 제자들의 가르치심의 본은 아무 의미가 없는 것이 되어버리고 만다. 그럼에도 불구하고 하나님께 맡겼다는 말은 야릇하게도 부모로서의 책임 회피의 핑계가 되는 것 같다.

어느 해 2학년을 담임하게 되었는데 전 해의 담임이 아이들 명단을 넘겨주면서 한 아이의 이름을 가리켰다. 그 아이는 세 살 때 귓병을 앓아서 듣지 못하게 되었는데 그 부모는 장사하느라고 정신이 없어 몰랐다고 한다. 그로 인해 아이는 말을 제대로 알아들을 수 없어 지능의 발달도 늦고 한글도 모른다는 것이었다.

더 기가 막힌 일은 아이의 부모와 상담했을 때 담임이 아이의 상태를 걱정하자 그 어머니가, "걱정마세요. 이 아이는 3학년이 되면 글을 줄줄 읽는다고 어느 목사님이 예언해주셨어요"라고 했다는 것이다.

나는 담임이 되어 방과 후에 남아서 가르치며 가정에서도 가르칠 것을 당부했지만 그 부모는 열심히 기도하니 걱정 없노라고 대답할 뿐이었다. 그녀가 믿던 예언과는 달리 3학년이 되어도 별 진전이 없자 3학년 담임만 무능력한 사람으로 몰리게 되었다.

하나님의 원리는 한 그루의 나무가 씨를 뿌리는 사람, 물을 주는 사람을 통해 자라게 하시는 것이다.

나는 심었고 아볼로는 물을 주었으되 오직 하나님은 자라나게 하셨나니 그런즉 심는 이나 물 주는 이는 아무것도 아니로되 오직 자라나게 하시는 하나님뿐이니라 심는 이와 물 주는 이가 일반이나 각각 자기의 일하는 대로 자기의 상을 받으리라 우리는 하나님의 동

역자들이요 너희는 하나님의 밭이요 하나님의 집이니라 고전 3:6-9

자신의 자녀가 어떻게 자라기를 원하는가? 정직한 아이로 자라기를 원한다면 믿음으로 기대해주어야 한다. 그러나 마냥 기대만 해서는 안 된다. 가르치는 방향의 기준을 정직에 맞추어 가르쳐야 한다. 하나님의 자녀다운 태도나 행동은 그것에 합당한 교육을 필요로 한다. 아이들은 자기가 배운 대로 살아가기 때문이다.

성경을 읽고 연구해야 한다

자녀교육은 영적전쟁이다. 그러므로 부모는 성경을 읽고 묵상해야 한다. 그것은 영적 싸움터에서 검을 쥐는 일이다.

구원의 투구와 성령의 검 곧 하나님의 말씀을 가지라 엡 6:17

성령의 교과서는 성경이다. 성경이 없으면 그분은 일하실 수 없다. 교사나 부모의 발길을 인도하는 등불은 성경뿐이다. 하나님의 뜻대로 자녀를 키우는 모든 지침이 성경이기 때문이다. 하나님의 말씀이 곧 길이 되고 진리가 되고 생명이 된다.

크리스천 부모들이 자녀교육 문제로 힘들어 할 때 그 해답이 성경에 있노라고 말하면 어리둥절해 한다. 성경이 크리스천의 삶의 바른 길임에도 불구하고 많은 부모들이 다른 길을 찾으려 한다.

아침마다 말씀을 묵상하는 어느 어머니가 아들의 대입 발표날 말씀을 묵상한 후 아들에게 이렇게 말했다고 한다.

"오늘 주신 말씀을 보니 네가 대입에 실패할 것 같다. 그러나 이 말씀을 보니 후에 더 좋은 것을 주시겠다는 약속이다. 오늘 네가 떨어진다 해도 낙심할 필요는 없겠다. 너는 이 말씀을 믿니?"

"예. 어머니."

"그렇다면 실패한 친구들을 위해서 기도할 수 있니?"

"예."

"합격한 친구들을 위해서도 기도해야 할 것 같다. 대학에 들어가면 더 큰 죄의 유혹을 받을 수 있을 테니까."

"어머니, 합격한 친구들을 위해서도 기도할게요."

시편 1편 말씀처럼 말씀을 주야로 묵상한 어머니의 시냇가에 심은 나무 같은 푸르름과 열매가 아들을 하나님의 제사장 위치에 올려놓았으므로 아들의 행사가 다 형통할 수 있었던 것이다. 만사형통은 마음의 평정을 잃지 않는 데 있고 어느 조건에서나 하나님의 자녀로서의 의연한 태도를 갖는 데 있기 때문이다.

말씀은 생명의 젖이다. 부모의 내부에서 곰삭도록 되새김질 되어 나온 말씀의 젖으로 자녀는 성장한다.

성경을 가르칠 때 부분부분 이야기 중심이나 인물 중심으로 가르치는 것도 중요하지만 하나님께서 인간을 구원하시기 위한 계획과 예수 그리스도를 통한 실현의 역사적 사실의 맥을 짚어주는 것이 중요하다. 즉 하나님의 자녀를 번성시키시기 위한 아브라함과 그 후손의 선택이 나로까지 이어졌음을 가르쳐야 한다는 것이다. 아브라함의 하나님, 이삭의 하나님, 야곱의 하나님이 나의 하나님임을 가르쳐 믿음의 후손, 하나님의 자녀로서의 긍지를 갖도록 해야 한다.

하나님 자녀로서의 긍지와 아울러 하나님의 자손을 번성시켜야 한다는 책임도 가르쳐야 한다. 성경의 인물들도 이러한 맥락 속에서 하나님의 종으로 쓰임받았다.

부모는 말씀을 읽기 전에 성령께서 친히 가르치시고 깨닫게 해달라는 기도를 드려야 한다. 하나님의 오묘하신 사랑을 깨닫는 것처럼 복된 일은 없다. 깨달은 말씀으로 가르칠 때 그것이 곧 능력이 된다.

시편 기자도 '깨닫게 하옵소서' 라는 간구를 간절히 드렸다.

나는 주의 종이오니 깨닫게 하사 주의 증거를 알게 하소서 시 119:125

깨닫고 가르치는 일은 자녀의 영혼을 기름진 것으로 먹이는 일이므로 성경도 이를 높이 평가한다.

그러나 교회에서 네가 남을 가르치기 위하여 깨달은 마음으로 다섯 마디 말을 하는 것이 일만 마디 방언으로 말하는 것보다 나으니라 고전 14:19

육에 속한 사람은 하나님의 성령의 일을 받지 아니하나니 저희에게는 미련하게 보임이요 또 깨닫지도 못하나니 이런 일은 영적으로라야 분변함이니라 고전 2:14

깨닫지 못하는 백성은 패망하리라 호 4:14

깨달음은 연구를 동반한다. 우리는 이따금 기도하고 성경 읽는 것만으로 가르치는 준비를 끝내는 우를 범하기도 한다. 남을 가르칠 때 우리는 가르침에 필요한 많은 것을 연구해야 한다. 배우는 자세를 가진 사람만이 남을 가르칠 수 있다.

기도하고 성경을 읽는다고 모두 성령충만해서 가르쳐야 할 것들이 술술 나오는 것이 아니다. 이스라엘이 성막을 지을 때 하나님은 세심할 정도로 자세히 이스라엘에게 지시하셨다.

내가 유다 지파 훌의 손자요 우리의 아들인 브살렐을 지명하여 부르고 하나님의 신을 그에게 충만하게 하여 지혜와 총명과 지식과 여러가지 재주로 공교한 일을 연구하여 금과 은과 놋으로 만들게 하며 출 31:2-4

하나님의 신이 충만한 사람은 연구하는 일로 이끌림을 받는다. 우리는 성령의 충만함을 입은 사람들의 연구 자료를 통해 가르침에 대하여 좀 더 심도 깊은 연구를 해야 하며, 그 가르침의 근본인 성경을 연구해야만 한다.

에스라는 이스라엘 백성 개인과 사회와 국가를 개혁시킬 때 성경 연구와 가르침에 중점을 두었다.

에스라가 여호와의 율법을 연구하여 준행하며 율례와 규례를 이스라엘에게 가르치기로 결심하였었더라 스 7:10

말씀을 연구하여 가르치는 에스라 앞에 많은 백성의 남녀와 어린아이의 큰 무리가 모였다(스10:1). 하나님은 지식의 하나님이시다. 연구하는 자에게 하나님은 이 땅을 하나님의 땅으로 개혁시킬 힘을 주신다.

내 백성이 지식이 없으므로 망하는도다 호 4:6

지금 내가 너희를 주와 및 그 은혜의 말씀께 부탁하노니 그 말씀이 너희를 능히 든든히 세우사 거룩케 하심을 입은 모든 자 가운데 기업이 있게 하시리라 행 20:32

인간의 행동으로 드러나는 것은 극히 일부분일 수가 있다. 그러므로 그 내면을 읽는 일은 더 중요하다. 이러한 인간에 대한 연구에서는 심리학이나 상담학을 참고로 할 수도 있다.

내가 4학년을 담임하게 된 학기 초, 아이들에게 예수님을 소개하느라 많은 시간을 할애한 후였는데 한 남자 아이가 쉬는 시간에 나에게로 와서 이렇게 말했다.

"선생님, 예수님은 상당히 뚱뚱하신가봐요. 성만찬을 할 때 떡을 떼어주시며 내 몸이라고 하셨다고 들은 적이 있거든요. 예수님이 뚱뚱하시니까 많은 사람에게 몸을 떼어 주실 수 있는 거지요. 선생님, 예수님은 정말 뚱뚱하시지요?"

그때 나는 그 아이의 눈에서 자신의 주장을 긍정해달라는 애절함과 긴장을 발견했다. 나는 고개를 끄덕이며 웃었다. 아이는 안심하는 표정으로 함께 웃었다.

내가 성만찬에 대해 장황한 설명을 늘어놓았다면 그 아이는 결코 들으려 하지 않았을 것이다. 왜냐하면 그 아이의 관심은 성만찬에 있었던 것이 아니라 '예수님이 뚱뚱하냐?'에 있었기 때문이다.

그 아이는 뚱뚱한 자신의 몸에 대해 열등감을 갖고 있었다. 예수님이 나처럼 뚱뚱하시다면 얼마나 좋을까 하는, 예수님과 자신을 동일화시키고 싶었던 것이다.

긍정의 미소를 보여주었을 때 아이는 크게 만족하였고 예수님과 당장 친해진 것이다. 후에 하나님은 우리의 외모보다 중심을 보신다는 말씀을 들려주었을 때도 그 아이는 눈을 반짝이며 고개를 끄덕였다. 이렇듯 자녀의 '마음 읽기'에 부모는 부단한 노력을 해야 한다.

가르침의 장소로 가정을 오픈하기

교육이 학교에서만 이루어진다는 제한된 생각 때문에 학교교육이 제 기능을 감당치 못하는 것과 같이 교육이 교회에서만 이루어진다는 생각이 신앙교육을 함정에 몰아넣는다. 물론 회당에서 가르쳤다는 말씀이 성경 곳곳에 나온다(막 1:21; 6:2, 눅 6:6; 13:10). 그러나 성경 속의 교육의 장소는 생활 전 영역에서였다.

크리스천 자녀교육뿐만 아니라 모든 교육의 목표를 참인간 회복에 둔다면 우리는 학교교육에서 그 목표의 실현을 기대할 수 없다. 왜냐하면 학교교육에서는 인간의 본질적인 문제들을 다루려 하지 않기 때문이다. 인간의 본질적인 문제들은 창조주이신 하나님께로부터 시작되므로 인간과 신의 문제는 끊을래야 끊을 수 없는 관계임에도 불구하고 학교교육은 이를 무시한다. 참 진리가 무엇이냐는(요 18:38) 빌라도와 같은 질문을 수없이 던지면서도 빌라도 앞에 서 있는 진리이신 예수님을 거부해버리는 꼴이다.

나는 국정교과서 집필위원으로 바른생활 교과서와 도덕 교과서의 집필에 참여한 적이 있었다. 학교에서 가장 등한시되는 도덕 교과서에 참인간 육성을 의존하고 있었기에 연구진들과 집필진들은 정성을 들였다. 그러나 수차례 거듭되는 토론은 늘 헛돌았다. 인간회복을 논하면서 특정 종교를 언급하면 안 된다는 제재 때문에 가장 본질적인 문제들을 이야기할 수 없었기 때문이다. 이런 안타까움은 교육방송의 드라마 집필 시에도 마찬가지였다.

학교교육의 문제들은 지적 교육의 팽창, 교육 과정의 문제, 교사의 자질과 과중한 업무량, 학부모의 몰이해 등으로 이해되고 있으나 그것들이 근본적인 문제는 아니다.

근본적인 교육의 문제는 진리를 가르치려 하지 않는 데 있다. 인간이 어디로부터 와서 왜 살고 어디로 가는가의 기본적인 문제들과 참되게 사는 방법들은 가르치지 않는 것이다. 자신의 본체를 모르니 삶의 목표를 제대로 찾을 수가 없는 것이다.

신앙교육을 교회에만 책임지울 수 없는 이유 중 가장 큰 이유는 일주일에 한 번, 많아야 두세 시간 할애되는 교회학교의 교육으로는 시간이 부족하다는 것에 두고 싶다.

일주일 동안 아이들의 삶 속에 영향을 줄 수 있는 커리큘럼이 개발된다 할지라도 학교와 사회에서 그들이 접하는 세속적인 문화나 지식들은 거센 탁류로 그들을 침몰시키려 한다.

이런 세대를 본받지 않게 하려면 그들의 삶의 터전이 되는 가정이 교육의 장소가 되어야 한다. 가정은 하나님의 가르침의 명령이 구체적으로 실현될 수 있는 가장 훌륭한 공동체이다. 크리스천 자녀교육을 국가에, 학교에, 이 시대의 사조에 맡기지 말고 가정이 수용해야 한다. 부모들이 자녀들의 피난처가 돼주어야 하며 가르치는 자가 되어야 한다. 하나님은 자신의 자녀를 가정 속에서 즐겨 구원하고 훈련시키시며 가르치려 하시기 때문이다.

하나님은 "오직 나와 내 집은 여호와를 섬기겠노라"(수 24:15)라는 가족 단위의 신앙 고백을 듣기 원하시며, 가정에서 믿음이 계승되기를 원하신다.

이는 네 속에 거짓이 없는 믿음을 생각함이라 이 믿음은 먼저 네 외조모 로이스와 네 어머니 유니게 속에 있더니 네 속에도 있는 줄을 확신하노라 딤후 1:5

가정 단위의 구원을 원하시는 말씀이 성경의 여러 곳에 나타나 있다.

너희 매인이 어린 양을 취할지니 각 가족대로 그 식구를 위하여 어린 양을 취하되 출 12:3

주 예수를 믿으라 그리하면 너와 네 집이 구원을 얻으리라 행 16:31

홍수가 땅에 있을 때에 … 노아가 아들들과 아내와 자부들과 함께 홍수를 피하여 방주에 들어갔고 창 7:6,7

주님은 경건한 고넬료와 같은 가정을 이루시기 원하신다.

그가 경건하여 온 집으로 더불어 하나님을 경외하며 백성을 많이 구제하고 하나님께 항상 기도하더니 행 10:2

그러나 신명기 6장은 교육의 장(場)에 대한 새로운 의미를 우리에게 부여한다.

오늘날 내가 네게 명하는 이 말씀을 너는 마음에 새기고 네 자녀에게 부지런히 가르치며 집에 앉았을 때에든지 길에 행할 때에든지 누웠을 때에든지 일어날 때에든지 이 말씀을 강론할 것이며 너는 또 그것을 네 손목에 매어 기호를 삼으며 네 미간에 붙여 표를 삼고 또 네 집 문설주와 바깥문에 기록할지니라 신 6:6-9

이 말씀을 자세히 보면 가정이 교육의 장소로서 중요하다는 것뿐만 아니라 교육의 장소에 대한 개념을 재정의한다. 교육의 장소가 어떤 지역적인 조건에 치중된 것이 아니라 교육자와 피교육자가 생활하는 곳 전반이라는 데 핵심이 있다.

어느 때 어느 곳이라도 교육의 장소가 된다는 것이다. 하나님을 사랑하고 그 말씀을 마음에 새긴 자가 있는 곳은 어디나 교육의 장소가 되어야 한다는 것, 즉 장소가 주체가 아니라 사람이 주체라는 것이다. 예수 그리스도와 함께 하는 크리스천이 있는 곳은 어디서건 하나님의 임재와 함께 하나님의 명령인 교육이 실현되는 곳이다.

배에서 무리를 가르치시더니 눅 5:3
예수께서 다시 바닷가에서 가르치시니 막 4:1

이에 모든 촌에 두루 다니시며 가르치시더라 막 6:6

마을에서건 바닷가에서건 배 안에서건 자녀교육의 장소는 하나님의 자녀가 입을 열어 가르치는 그곳이 된다.

교실에서 아이들과 함께 예배드리고 하나님의 말씀을 가르치기 시작하면서부터 성령께서 담임이 되신 우리 반의 아이들은 변화하기 시작했다.

일기장 검사를 하면 매일 일기가 간증으로 채워져 있었는데 어느 날 한 아이의 일기에 "하나님의 성전인 우리 교실에 오늘도 햇살이 따뜻하게…"라고 적혀 있었다. 그 일기를 읽던 나는 뜨거워지는 마음으로 '그래 이곳이 바로 하나님의 집이로구나!' 하며 햇살 바른 창가로 다가서다가 번개처럼 마음에 임하는 말씀을 받았다.

내가 이 반석 위에 내 교회를 세우리니 음부의 권세가 이기지 못하리라 마 16:18

시몬 베드로의 신앙 고백 위에 교회를 세우신 주님께서 나와 아이들의 신앙 고백 위에 하나님의 집을 세우신 것이다.

하나님의 말씀이 선포되는 장소를 하나님은 거룩히 구별하신다. 크리스천의 교육의 장은 곧 하나님의 집이 세워지는 곳이며 하나님의 나라가 확장되는 곳이기도 하다.

교육의 동역자를 만들기

하나님은 우리를 자신의 동역자로 삼으셨다. 하나님께서는 홀로 일하기를 즐겨하지 않으실 뿐만 아니라 그의 자녀들도 함께 연합하는 것을 좋아하신다. 모세에게는 아론과 훌이라는 기도 동역자가 있었다. 우리가 주의 일을 하다가 낙심이 될 때 피곤할 때 서로가 서로의 손을 붙들어줄 수 있는 동역이 필요한 것이다.

> 모세의 팔이 피곤하매 그들이 돌을 가져다가 모세의 아래에 놓아
> 그로 그 위에 앉게 하고 아론과 훌이 하나는 이편에서, 하나는 저
> 편에서 모세의 손을 붙들어 올렸더니 그 손이 해가 지도록 내려오
> 지 아니한지라 출 17:12

이들의 기도의 동역으로 말미암아 여호수아는 아말렉을 쳐서 파할 수 있었고 그들은 '여호와 닛시' 승리의 깃발이신 하나님을 체험하는 기쁨을 누리게 되었다.

예수님께서도 열두 제자를 택하여 함께 하셨고(막 3:14), 제자들을 파송할 때도 둘씩 둘씩 짝을 지어 보내셨다(막 6:7). 하나님은 누군가를 택해 일을 시키실 때는 반드시 동역자들을 묶어주신다.

내가 교단에서 복음을 전했을 때 옆에서 기도해준 분들이 있었다. 나를 예수님께로 이끈 C장로라는 분이 계셨는데 그 분은 내가 구원을 받자 아침저녁으로 우리 집에 들러 기도를 해주셨다. 눈이 오나 비가

오나 변함없이 조석으로 일 년간 기도해주셨고 내가 그 지역을 떠나고 십 년이 넘도록 늘 기도해주셨고 이따금 방문하시거나 전화로 기도를 해주시곤 했다.

그 분의 해산하시는 고통으로 나는 크리스천의 길을 걷고 있는 셈이고 주님의 사역에 동참할 수 있었던 것이다. 그밖에도 많은 성도들과 가족들의 기도가 있지만 무엇보다 감사한 것은 학부형들의 기도이다. 미국으로 이민 간 학부형이 십 년 동안 나를 잊은 적이 없고 지금도 기도하고 있노라는 소식을 전해왔을 때 얼마나 감사했는지 모른다.

크리스천 부모들은 기도와 말씀 연구의 동역자가 필요하다. 특히 자녀의 학교 교사와 동역자가 되어야만 한다. 아이가 학교에서 교사와 함께 보내는 시간의 양은 가정에서 부모와 함께 보내는 시간과 맞먹고 상급학교로 갈수록 오히려 학교에서 생활하는 시간이 길어지기 때문이다.

현대 교육의 문제점 중 하나가 학교와 가정의 단절이다. 교사는 학생의 가정에서의 생활을 알아야 하며 부모는 자녀의 학교에서의 생활을 아는 일은 교육의 필수 요건이다. 그럼에도 교사의 가정 방문이 금해지고 있다. 교사와 부모가 가장 하나가 되어야 할 동역자임에도 불구하고 불신의 담이 높이 가로놓여 있기 때문이다.

부모나 교사가 자녀들의 일면을 전혀 모르는 경우가 있다. 학교에서는 순종을 잘하는데 가정에서는 반항적일 경우가 있고 가정에서는 명랑한데 학교에서는 우울한 경우도 있다. 교사와 부모의 단절로 인해 아이의 전혀 다른 면을 고려할 수 없는 경우가 많다. 한 명의 아이를 알려면 그가 자라고 있는 가정이나 부모를 알아야 하고 학교생활을 알아야 하는 것은 당연한 일이다.

나에게 잊혀지지 않는 소중한 기억 중 하나가 선생님들이 가정 방문 오시는 날이었다. 부모님들은 온갖 정성을 다해 집 안을 꾸며 어느 손님보다 정중히 모실 준비를 하셨다. 날마다 보는 선생님임에도 우리 형제는 부끄러워 화장실에 숨어 있던 기억이 난다.

집에 오신 선생님이 노조모께 넙적 절을 올렸을 때는 친근감을 느꼈고, 부모님과 선생님의 대화 속에 숨겨 있던 우리들의 허물이 드러날 때는 가슴이 조마조마 했다. 선생님이 우리 동네를 방문하신다는 날이면 친구들과 얼마나 가슴 들뜬 하루를 보냈는지 모른다. 그 하루는 선생님을 식구의 한 사람으로 느낄 수 있었다.

내가 교단에 처음 섰을 무렵엔 가정 방문이 있었다. 가정 방문을 통해 부모와 아이에 대한 친밀감이 두터워졌고 가정 사정을 낱낱이 알게 되어 더욱 아이들을 사랑으로 지도할 수 있었다.

그러나 지금은 서로가 마음을 터놓을 기회가 없기 때문에 더 큰 오해와 불신이 조장된다. 생활 지도 문제로 부모와의 대면을 요구하면 부모들은 엉뚱한 오해부터 하는 경우가 많다. 인간과 인간 사이, 특히 일체가 되어야 하는 동역자의 사이가 물질이라는 교묘한 수단에 의해 망가지고 있다. 특히 크리스천 부모들은 교사를 잘 대접하는 것이 마치 죄악인 양 생각하는 경우를 많이 볼 수 있다.

어느 큰 교회에서 크리스천의 자녀교육에 대한 강연을 마치고 그 교회 집사님 부부가 태워주는 차를 타고 온 적이 있었다. 그들은 초등학교 2학년인 자녀를 두었는데 이야기를 나누는 중 놀랍게도 그들이 자녀의 담임교사에 대해 불신을 넘어 혐오감을 갖고 있음을 알게 되었다.

그들의 말에 의하면 교사가 학부형들에게 물질을 요구한다는 것이었다. 그래서 내가 그 담임교사를 만나보았느냐고 물으니 만나본 적은 없는데 소문에 의하면 그렇다는 것이다. 그런데 그 소문은 자녀에게서 들은 것인데 찾아가지 않기 때문에 미움을 받고 있다는 것이었다. 그리고 전 주일에 목사님이 설교를 하셨는데 어떤 교사가 학부형에게 큰 액수의 돈을 받고 편애를 했다는 예를 들어 교사들이 썩었다는 것을 강조하셨다는 것이다. 차 안에서 그들의 흥분된 이야기를 들으며 불쾌하고 우울한 감정을 누를 수가 없었다. 성경은 우리에게 이런 조언을 해준다.

가르침을 받는 자는 말씀을 가르치는 자와 모든 좋은 것을 함께하라 스스로 속이지 말라 하나님은 만홀히 여김을 받지 아니하시나니 사람이 무엇으로 심든지 그대로 거두리라 갈 6:6,7

좋은 것을 함께 하라는 것이 물질만을 뜻하는 것은 아닐 것이다. 가르치며 가르침을 받으며 각자 성숙하는 기쁨과 자아를 실현시키는 기뺨을 함께 나누라는 것이며, 함께 물을 주고 김을 매주어 자라는 기쁨을 함께 누리는, 사람을 바르게 키우는 동력자로서의 기쁨도 이에 속할 것이다.

물질을 너무 내세워 관계를 파괴시키는 것은 옳지 않다. 자녀들이 사과 하나라도 "우리 선생님 갖다가 드려야지" 할 때, "그까짓 걸 뭘 드리니. 엄마가 할 테니까 너는 가만히 있어" 하는 부모들이 있다. 이는 사랑의 관계를 가로막는 일이다. 부모와 교사의 사이에서도 물질보다 더 진한 정이 있음을 기억해야 한다. 어느 여교사가 이런 말을 했다.

"세상에서 제일 맛있었던 커피는 임신한 몸으로 추운 겨울날 통학로에서 교통정리를 하고 교실에 들어섰을 때 어느 어머니가 수고했다고 끓여왔던 따끈한 커피였어요."

우리는 이웃 간에도 떡 하나라도 서로 나누어 먹는 미풍양속을 가졌다. 그런데 교사와 학부형의 사이에서는 그것이 왜 금해져야 하는 것일까? 사람이란 서로 힘을 합쳐 눈물을 흘리며 땀을 흘리는 고통을 나눌 때 사랑하게 되며, 사랑으로 서로 가진 것을 나눌 때 그것은 오히려 아름다운 관계인 것이다. 옛날 서당에서도 아이들이 책 한 권을 다 떼면 책거리(책씻이)라 하여 부모들이 떡을 해왔다. 정이란 물질이 문제가 아니고 그 마음이 문제인 것이다.

교회학교 교사 역시 심방을 하거나 학생 부모에게 편지를 쓰는 일은 중요하다. 교회학교 교사의 심방으로 불우한 가정이 드러나 교회가 그 가정을 돕고, 그 일로 하여 가족들이 구원받은 예는 흔하다.

교육의 방법에 있어서도 교사는 전문직이므로 교육의 방법을 의논하는 일 또한 중요하다. 교사에게 배우려는 자세를 갖는 학부형을 교사는 오히려 존경한다.

동역자로서 부모는 교사를 신뢰해주어야 한다. 그것은 부모의 그러한 자세가 자녀에게 큰 영향을 미치기 때문이다. 부모가 존경할 수 없는 교사에게 자녀는 배우려 하지 않는다.

또한 부모는 학기 초에 자녀의 담임이 믿는 성도이기를 간절히 기도해야 한다. 교육의 동역자로서 서로 존경하며 기도해준다면 자녀들에게 큰 유익이 될 것이다.

교회학교 교사를 대하는 태도 역시 마찬가지이다. 교회에서 노인들을 공경하고 그 분들께 자녀를 위한 기도를 부탁드리는 것도 아름다운 일이다. 노인들이야말로 기도에 전념할 수 있는 조건들을 갖추었기 때문이다. 가정에서 노인들을 교육의 방해자로 생각하는 경우가 많다. 그러나 노인들이야말로 삶의 지혜를 아이들에게 가르칠 수 있고 무엇보다도 가장 중요한 요소인 사랑을 듬뿍 줄 수 있음을 기억하자.

CHAPTER 04

가르치는 자로서 부모가 갖추어야 할 자질

부모로서 또는 교사로서 자신의 사명을 수행할 때 출발점을 자신에게 두어야 한다. 자신의 상처를 주님 앞에 내어놓을 수 있어야 한다. 우리가 우리 자신의 문제에 대해 잘 모르고 무엇을 기도해야 할지 모를 때에라도 성령님께 문제를 드러내고 치유해주시기를 빌어야 한다.

부모로서 자긍심을 가져라

나는 학교 현장에서 많은 학부모들을 만난다. 점차 학부모들의 학력이 높아지고 삶의 방식도 어느 면에서 활기차다. 그런데도 자녀교육에 있어서는 불안하고 소신이 없는 모습을 본다. 부모로서의 자긍심에서부터 오는 자신감이 위축되어 있는 것이다.

교육은 피교육자만의 문제가 아니다. 오히려 교육자에게서부터 출발한다. 그러므로 교육자로서 부모의 자질을 점검할 필요가 있다.

교육의 중요성은 한 세대만으로 끝나는 것이 아니라 전수된다는 계속성 때문에 교육의 자리가 더 경건해진다. 자녀는 부모에게서 알게 모르게 배운 것을 자신이 부모가 되었을 때 답습하게 되는 경우가 많다.

어느 학자가 알코올 중독자인 어머니에게서 난 자녀들을 조사해보았다. 그 결과 많은 수의 후손들이 알코올 중독자였다고 한다. 음주 습관에 문제가 있는 부모를 둔 아이들이 그렇지 않은 사람의 아이들보다 더 충동성이 강하고 음주 기대가 높았는데, 이유는 유전적으로 음주 버릇을 물려받는다기보다는 성장 환경에서 영향을 받았기 때문이다.

교육이 한 세대인 나의 자녀들에게만 영향을 주는 것이 아니라 나의 후손들에게까지 영향을 미치는 것이기에 때로는 두렵기도 하지만 그러한 일이 나에게 주어졌다는 데 자긍심 또한 높아질 수밖에 없는 것이다.

부모는 하나님의 형상을 닮은 인간을 생육하고 번성시켜 땅에 충만하게 하는 임무를 위임받았다. 이 일이 세상의 어떠한 일보다도 귀한 일이라는 인식이 부모들에게 필요하다. 어떠한 일로 성공하는 것보다 부모로서 성공하는 것이 더 중요하다. 자녀를 양육하는 일은 부모의 꿈을 묻어버리는 일도 아니고 자아실현을 무산시키는 일도 아니다. 여자는 남편이나 아이들 뒤치다꺼리를 하면서, 거칠어지는 손과 주름 진 얼굴의 자신을 대하면서, 남자는 퇴근 시 쇼윈도에 비추어진 축 늘어진 어깨의 자신을 보면서, 남몰래 토해내는 한숨이 있다 할지라도 땅에 묻힘으로 새롭게 태어난다는 밀알의 삶이 부모의 삶이라면 자식으로 해서 다시 태어나는 기쁨을 기억해야 할 것이다.

'생육하고 번성하여 땅에 충만하라' 는 사명을 맡은 자로서의 자긍심이 부모에게 또는 교사에게 살아있을 때 교육은 그 진가를 발휘할 수 있을 것이다.

신대륙을 발견한 콜롬부스의 배를 탄 선원 한 사람이 근심에 싸여 있었다. 그 선원은 구두 수선공이기도 했는데 작은 수선가게의 늙은 주인이 죽기 전에 고향에 돌아가 가게를 인수하려면 빨리 돌아가야 하는데 늦으면 어쩌나 하는 염려가 있었기 때문이었다. 신대륙 아메리카를 발견하려는 위대한 항로에서 낡은 구두를 수선하는 일을 놓칠까 애태우는 선원 같은 어리석음이 우리에게는 없나 돌아볼 일이다.

교육은 신대륙을 발견하는 일과 같이 미래지향적인 일이다. 그러므로 당장 손에 잡히지 않고 보이지 않는 일인지도 모른다. 그러나 그 일이 대단한 일임에 분명하다. 부모나 교사가 신대륙을 발견하려는 의지의 선장과 같은 자긍심을 가질 때 아이는 안정감을 갖고 교육에 임하게 될 것이다.

유머와 삶의 지혜가 있는 부모

크리스천은 유머와 해학적 매력을 갖고 있어야 한다. 더욱이 부모는 밝은 빛이 되어 밝음으로 환하게 가정을 채우는 태양과 같은 존재여야 한다.

성경에 염려하지 말라는 언급이 365회 있다고 한다. 염려는 불신앙이다. 민수기 13, 14장에는 가나안 정탐이 나온다. 열두 사람의 정탐대가 귀환 보고를 할 때 열 명의 사람들이 가나안 땅을 악평하자 온 회중이 슬퍼하고 원망하고 근심했다. 그러나 여호수아와 갈렙은 가나안은 심히 아름다운 땅이라고 했다. 어둠과 빛이 나뉘는 순간이었다.

그때 하나님께서는 근심하고 걱정한 무리들이 곧 하나님을 시험한 것이라 하시고(민 14:22) 또 하나님을 멸시한 것이라고도 하셨다(민 14:23). 근심은 원망을 부른다. 근심과 원망으로 가득했던 이스라엘 백성들은 그 값으로 사십 년 간을 광야에서 방황해야 했다. 가나안 정탐대는 그 종족의 각 지파 중에서 족장된 자들이었다. 그들은 지도자였던 것이다. 그 지도자가 근심과 원망으로 가득 차 있을 때 백성들 사이로 그 기운이 곧 번져나간 것이다.

부모가 어둔 얼굴이라면 자녀들에게 어둠이 번져간다. 염려는 가정을 어둡게 하는 가장 큰 원인이다. 그런데 이 염려를 어느 심리학자가 분석해본 결과 일어날 수 없는 쓸데없는 것이 40퍼센트, 가버린 과거의 일이 30퍼센트, 앞으로 있을지도 모를 미래의 일이 10퍼센트, 자기와 상관없는 일이 12퍼센트로 염려의 대부분이 염려해도 어쩔 수 없는 불가항력의 일들이었다.

> 공중의 새를 보라 심지도 않고 거두지도 않고 창고에 모아 들이지도 아니하되 너희 천부께서 기르시나니 너희는 이것들보다 귀하지 아니하냐 너희 중에 누가 염려함으로 그 키를 한 자나 더할 수 있느냐 … 그러므로 내일 일을 위하여 염려하지 말라 내일 일은 내일 염려할 것이요 한 날 괴로움은 그날에 족하니라 마 6:26,27,34

하나님은 우리가 공중에 나는 새와 같이 들의 백합화같이 살기를 원하시는 것이다. 부모가 생활의 염려, 내일의 염려에 찌들어 자녀들까지 생기 없이 만들어서는 안 된다.

특히 어머니는 밝고 명랑해야 한다. 무디의 어머니는 40세에 별세한 남편의 유복자 쌍둥이를 포함해 아홉 명의 자녀를 키웠다. 그녀는 밤마다 벽난로 앞에서 성경을 가르치고 자녀들이 잠든 후에는 밤을 새워 울며 기도했다. 그리고 아침이면 햇살처럼 밝고 맑은 표정으로 아이들을 대했다.

어린아이들이 세상에서 처음 만난 사람이 어머니이다. 그 어머니가 어떻게 자녀들에게 기억되는가는 너무나 중요하다. 나는 나의 어머니를 기억할 때면 봄 햇살 속에 활짝 핀 복사꽃의 연분홍이 연상되곤 한다. 밝은 햇살이 남실대는 하얀 창호지 문 옆에 앉아 이마에 가득 햇살을 받으시며 손뜨개질을 하시던 모습이나 눈물 콧물 흘리는 우리들을 앞에 앉혀놓고 옛날 이야기를 해주시던 모습이 따뜻하고 밝은 분홍빛으로 떠오르는 것이다. 나의 어머니는 조용하시면서도 밝고 맑았다.

타고난 성품은 각자 다르다. 그러나 부모는 밝고 맑기 위해 노력해야 한다. 자녀가 부모의 모습을 통해 세상을 보기 때문이다. 그러므로 '나는 원래 그러니 어쩔 수 없다' 라는 말은 크리스천 부모에게 어울리는 말이 아니다.

작가 미상의 '왜 걱정하십니까?' 라는 글이 있다.

인생의 날 수를 당신이 결정할 수는 없지만, 인생의 넓이와 깊이는 당신 마음대로 결정할 수 있습니다.

얼굴 모습을 당신이 결정할 수는 없지만, 당신의 얼굴의 표정은 당신 마음대로 결정할 수 있습니다.

그 날의 날씨를 당신이 결정할 수는 없지만, 당신 영혼의 기상은 당신 마음대로 결정할 수 있습니다.

당신 자신의 힘으로 결정할 수 있는 일들을 감당하기도 바쁜데 당신은 어찌하여 당신이 결정할 수 없는 일들로 인하여 걱정하며 염려하고 있습니까?

'근심' 이란 말은 'merimnao' 라는 희랍어에서 생긴 것인데 그것은 두 단어가 합쳐진 말이다. '나누다' 란 뜻의 'merice' 란 말과 '마음' 이라는 뜻의 'nous' 의 합성어이다. 야고보서 1장 8절에 "두 마음을 품어 모든 일에 정함이 없는 자로다" 라는 표현이 있다. 근심은 마음을 나누어 평안과 안정감을 빼앗는다. 부모의 마음은 평안과 안정감이 고요한 바다를 운행하는 배와 같아야 한다.

아이들은 교육자가 아름답기를 요구한다. 아이들은 못생긴 엄마와 선생님을 보고도 '세계에서 제일 예쁜 우리 엄마', '우리 선생님' 이라고 한다. 교육자의 생김새가 문제가 아니라 표정이 문제인 것이다.

근심은 아름다움을 손상시킨다. 어느 영국 배우가 무명의 시절에 '근심을 집어치우지 않으면 내 전 재산인 얼굴마저도 망치겠구나' 하는 생각에서 표정을 밝게 하여 성공했다고 한다.

근심은 습관의 산물이고 버릇이라고 했다. 부모가 쓸데없는 걱정을 하면 자녀가 불안하다. 하교 시간이 30분만 지나도 허겁지겁 전화를 하는 부모가 있다.

"우리 아이 어떻게 된 게 아닐까요?"

부모의 지나친 걱정은 자녀를 소심한 사람으로 만든다.

아이들은 또한 앓아누워 있는 부모를 싫어한다. 부모가 아픈 것은 가정의 가장 큰 어둠이다. "마음의 즐거움은 양약이라도 심령의 근심은 뼈로 마르게 하느니라"(잠 17:22)라는 말씀처럼 많은 병의 원인이 근심의 산물임을 기억하고 염려를 주께 맡기는 부모의 모습을 보여주자.

기다릴 줄 아는 부모 █

"이런 문제는 어떻게 풀어야 할까 잘 생각해 보세요."

학생들은 교사의 지시에 따라 생각하기 시작했다. 그러나 실마리를 풀기도 전에 학생들은 교사에게 독촉을 받는다.

"떠들지 말고 빨리 생각해봐요."

"…."

"생각해본 사람 손 들어봐요. 아직 없니?"

"…."

"너 똑바로 앉아서 생각해봐야지. 빨리 생각해봐."

가정에서도 마찬가지다.

"잘 생각해봐."

"…"

"아니, 뭘 하고 있는 거야? 생각하라니까."

"생각하잖아요."

"그게 생각하는 거야? 멀뚱히 앉아서….."

"엄마는, 괜히 야단이야!"

"아휴, 이 맹추 같은 게 뭐하고 있는 거야!"

"…"

"아휴, 답답해. 이렇게 하는 거잖아."

부모는 아이들에게 느긋하게 생각해볼 여지를 주는 일에 인색한 경우가 많다. 교육에서도 '빨리빨리'가 아이들의 사고력이나 가능성을 저하시킬 때가 많다.

이런 어른들의 조급성에 대해 초등학교 2학년 아이가 이런 일기를 썼다.

■ 제목 : 푼수 뻐꾸기

우리집 뻐꾸기시계의 뻐꾸기는 아주 푼수 뻐꾸기이다. 나오지도 않고 울고, 5시인데 4번 울고, 7시인데 10번을 우는 녀석이다. 이상할 것도 없다. 왜냐하면 원래 그렇기 때문이다.

오늘 뻐꾸기시계 뻐꾸기가 숙제를 다 끝내지도 않았는데 시끄럽게

울었다. 나는 그 뻐꾸기가 얄미웠다. 그리고 우리 엄마는 맨날 '빨리빨리!'라는 말을 하신다. 그런 소리를 안 하셨으면 좋겠다. 둘 다 재밌었다.

성미 급한 한국의 부모들은 푼수 뻐꾸기가 시도 때도 없이 '뻐꾹뻐꾹' 하는 것처럼 '빨리빨리' 하고 아이들의 등을 밀어대는 건 아닐까 생각해본다.

교육은 교육자와 피교육자의 인내 싸움이라는 생각이 들 때가 많다. 어떤 한 가지 올바른 습관을 정착시키기 위해선 계속 관심을 갖고 중간에 포기함 없이 줄다리기를 해야 하는 것이다. 앞서 말했듯이 대만의 유치원 교사들이 한 달이건 두 달이건 수돗물 잠그는 태도를 정착시키기 위해 인내심을 발휘하는 것과 같은 인내심이 필요하다.

아이들에게 "복도에서는 뛰지 마세요" 하고 일러줘도 그들은 돌아서면 뛰어다닌다. 교사들이 복도에 나가 서서 일주일쯤은 지도를 할 수 있다. 그러나 제 풀에 주저앉고 만다. 할 일이 많아서라고 하지만 사실 인내심의 한계를 느끼기 때문이다. 사실 힘든 일이다. 꾸준히 인내심을 갖고 일관성 있는 지도를 한다는 것은 어지간한 노력과 시간을 들이지 않고는 불가능하다.

하나님은 호세아와 그의 음탕한 아내 고멜을 통해 자신의 오래참으심을 보이신다. 음란한 자식을 낳고 집을 뛰쳐나간 고멜을 은 열다섯 개와 보리 한 호멜 반으로 다시 사오는 호세아처럼 하나님은 자신이 자녀들에 대해 오래 참으시는 것이다.

자녀의 현재뿐 아니라 미래에 대해서도 조급한 기대를 가져서는 안 된다. 서두르지 말고 끈기 있게 도와주는 것이 부모가 할 일이다.

옛날 노나라에 욕심 많고 성미 급한 농사꾼이 있었다. 이웃집에서 이른 봄에 밭에 곡식을 심는 것을 보고 이 농사꾼도 곡식을 심었다. 그런데 싹이 조금 돋는가 싶더니 도무지 쑥쑥 자라지를 않았다. 이웃집 밭의 곡식은 쑥쑥 잘 자라는 것 같은데 자기 밭의 곡식은 욕심껏 자라주지를 않는 것이었다. 어떻게 하면 자기네 밭의 곡식이 이웃집 밭보다 더 빨리 자랄까 고민한 그는 엉뚱한 생각을 하게 되었다.

'손으로 곡식의 싹을 뽑아 올려주어야겠다. 그러면 우리 밭의 곡식이 더 크게 자랄 것이다.'

농사꾼은 자기 밭 곡식의 싹을 하나씩 뽑아 늘였다. 다음날 곡식은 모조리 바싹 말라 죽어 있었다. 이 농사꾼의 무지를 우리도 교육의 장에서 은연중에 재연하고 있지는 않은가 생각해볼 일이다.

싹이 잘 자라게 하려면 김도 매주고, 거름도 주면서 잘 자라도록 기다려야 한다. 교육의 효과는 금방 눈에 보이지 않는다. 그것은 가늠할 수 없는 미래에 평가될 일이다. 현재의 교육의 장에서 참아주고 기다려주고 그 기다림으로 미래에 대해 인내하는 것이다.

어느 날 에디슨의 선생님이 장학사에게 "이 아이는 바보입니다. 학교에서 가르칠 가치가 없는 아이예요" 했다는 말을 듣고, 에디슨의 어머니는 교사를 찾아갔다.

"선생님, 이 아이는 머리가 너무 좋아서 문제일 뿐입니다. 앞으로 제가 직접 이 아이를 가르쳐서 어떤 사람이 되는지 보여드리겠습니다."

어머니는 아들의 손을 잡고 당당하게 학교에서 나왔다. 그리고 아들에게 말했다.

"너는 절대로 바보가 아니야. 실망해선 안 된다."

훗날 에디슨은 이런 말을 했다.

"나의 생애에서 가장 중요한 시기에 어머니가 나를 이해하고 믿어주시지 않았다면 나는 발명가가 되지 못했을 것입니다. 그 옛날 선생님이 나를 보고 바보라고 했을 때 어머니는 나를 강력히 감싸주었습니다."

나는 발명왕 에디슨보다 그 어머니의 인내심에 더 박수를 보내고 싶다. 자식이 바보라고 불릴 때 오기로 한 번쯤 그런 말을 할 수 있다. 그러나 오랜 세월 동안 아들은 정말 바보 같은 짓만 하고 다녔다. 거위 새끼를 부화시킨다고 알을 품고 앉아 있지를 않나, 사람을 새처럼 날게 하려고 이웃 아이에게 약을 먹이질 않나, 기차 안에서 신문을 인쇄한답시고 화재를 내지 않나, 별별 짓을 다하고 다닐 때 한두 번은 이렇게 말할 수 있었을 것이다.

"너는 정말 다른 아이와 달라. 넌 천재라서 그러는 거야. 용기를 내라."

그러나 그런 일들이 반복되었을 때 불쑥 "내가 그동안 참았지만 이

젠 도저히 참을 수가 없어. 넌 정말 바보 같은 아이야"라고 할 수도 있었다. 그러나 그녀는 끝까지 인내했다. 그녀는 임종 시 아들의 손을 잡고 미소를 지으며 이렇게 말했다.

"너는 바보가 아니었어. 그렇지?"

그녀는 죽기 전까지 자신의 자녀에 대해 인내했던 것이다.

《기다리는 부모가 큰 아이를 만든다》의 저자 엘킨드 박사는 부모들의 잘못된 자녀교육에 대해 이렇게 말하고 있다.

요즘 부모들은 자녀들을 급행열차에 태워 너무 빨리 몰아댄다. 아이들은 좌절감과 실패의식 속에 살며 마음에 화를 품는다. 빨리 배우고 빨리 어른이 되게 하려는 부모의 성급함, 성공에 대한 기대와 재촉 등이 자녀들을 병들게 한다. 부모의 기대에 못 미치는 아이들은 결국 반항과 증오의 늪에서 허우적거린다.

자녀에 대한 부모의 마음이 조급해질 때 음미해볼 만한 말이다. 예수님은 제자들의 약함을 이해하고 오래 참아주셨다.

아이가 받아오는 상장 여부에 따라 교육에 성공하고 있노라고 말할 수 없다. 한 그루의 나무가 아름다운 열매를 맺기 위해서는 가지치기의 아픔과 거름이 되어 주는 퇴비의 썩음과 세찬 바람과 따뜻한 햇살 속의 시간들을 보내야 한다. 하물며 한 알의 밀알로 여물어야 하는 예수님의 제자를 기르는 일에 성급해서는 안 될 것이다.

창의적인 부모

나는 수업시간 한 시간을 보람 있게 보낸 날은 한 편의 예술 작품을 창조해낸 것 같은 감동을 느낀다. 수업은 시작과 끝이 있고, 전개와 절정이 있어야 하며, 교사 자신이 배우는 학생과 학습 자료와 함께 어우러져서 새로운 것에 대한 감동을 느끼는 면에서 예술 창조와 흡사하다.

교사뿐 아니라 부모 역시 하루의 학습을 위해 준비하고 정리하기까지 창조의 기쁨을 만끽할 수 있어야 한다.

우리가 살아가는 21세기는 창조적인 사고로 각 방면에 열린 기회를 만들어가는 인재들이 각광을 받는 사회이다. 세계 속에서 하나님께 쓰임받는 크리스천 리더들로 자녀를 교육하려면 창의성을 키워주어야 한다.

창의성이란 새로운 것, 남이 잘 하지 않는 자기만의 생각이나 가치 있는 것을 만들어 내는 능력(창의력)과 그런 능력을 뒷받침해주는 성격상의 특징(창의적 성격)을 통칭한다. 여기에서 말하는 '새로운 것'은 사회적으로 인정받은 새로운 것이 있고, 창작자 자신이 보아서 새로운 것이 있다.

가정에서 부모의 창의성은 사회적으로 새로운 것이 아니어도 좋다. 가정에 신선한 바람을 불어넣을 수 있는 새로움과 정겨움 그리고 아름다움에 대한 감수성이면 족하다.

창의성은 어떤 계획된 교육 과정에서보다 잠재적인 교육 과정에서 더 큰 영향을 받는다. 특별히 아이들의 창의성은 창의력을 키워주는 학습지 한 장보다 부모가 꾸며나가는 삶의 공간에서 더 많은 영향을 받는다. 자식이 인생을 따뜻하고 아름답게 생각한다면 그 부모는 예술가보다 더 귀한 감동을 자녀에게 준 것이다.

나는 어느 날 문득 내 작품 속에서 겨울이 '따뜻한 겨울'이라고 표현된 것을 발견했다. 내 작품 속의 겨울은 언제나 따뜻하게 묘사되어 있었고 '따뜻한 겨울'이란 말이 즐겨 사용되고 있었다. 추운 겨울을 따뜻하게 느낄 수 있었던 것은 내 유년시절이 따뜻했기 때문이 아닐까 생각해본다.

가을이면 어머니는 겨울 맞을 준비를 하시곤 했다. 헌 창호지를 뜯어내고 새 창호지를 바르실 때는 책갈피에 곱게 말려두었던 빨간 단풍잎과 노란 은행잎을 맵시 있게 바르셨다. 그때 '푸우' 하고 입에 머금은 물을 뿌리시면 작디작은 무지개가 피었다. 알록달록한 실타래를 풀어 긴 대바늘로 한뜸한뜸 털옷을 짜시면 나와 형제들은 옆에서 실뜨기를 했다. 어머니가 짜신 털옷에는 예쁜 꽃이 피고 새가 날기 시작했다. 우리는 신기한 어머니의 손놀림에 신이 났었다.

재봉틀 위에서 따르르 박아지던 예쁜 옷과, 이스트를 넣은 밀가루가 부풀어오르면서 갖가지 모양으로 구워지던 빵, 맵시 있게 접시에 차려지는 음식들, 날마다 다르게 멋을 내어 긴 머리카락을 빗어주시던 어머니의 손, 이런 어머니의 일상의 손길에서 나는 새로움을 창조해내는 삶의 멋을 배웠다.

부모는 일상의 반복으로부터 오는 짜증 속에 가정을 무미건조하고 생기 없게 만들어서는 안 된다.

하나님은 인간에게 풍요로운 삶의 공간을 주었다. 그러나 삶의 의미는 인간 스스로 지어가게 하셨다. 에덴동산에서 하나님은 아담에게 생물의 이름을 짓게 하셨다. 부모에게 주어진 가정이라는 공간에 어떤 의미를 부여하느냐는 각자의 창의성에 달렸다.

> 아버지가 기쁨을 느껴본 적이 있는 무엇인가를 아이에게 보여주고, 아이의 기쁨을 자기 자신의 기쁨에 합칠 수 있다면, 이제 신뢰와 애정 속에서 그 기쁨은 두 배가 된다. 이것이 바로 행복이다.
>
> – J.B. 프리슬리

부모의 자리는 얼마든지 멋을 창출해낼 수 있는 자리이다. 한 송이의 꽃에 머무는 부모의 손길, 그리고 무심코 부르는 부모의 노랫가락에서 어린아이들의 창의성이 자란다. 아이들은 아무리 작은 새로움이라도 환한 웃음과 박수를 보낸다. 특히 부모가 만들어준 것이라면 얼마나 신이 나는 것인지 모른다. 솜을 꼭꼭 넣고 털실로 가닥머리를 딴 어머니가 만들어준 인형, 엉덩이를 축축이 적시며 타던 아빠가 만들어준 썰매와 나무를 깎아 만들어주신 못생긴 팽이가 우리들의 어린 시절을 얼마나 알록달록하게 칠했는지 기억할 일이다.

현대의 풍요로운 물질과 잘 조립되어져 나오는 가전제품들이 가정의 창의성을 빼앗아버렸다. 아이들을 방에 가두어놓고 잘 조립된 장난감을 안기는 것이 오히려 창의성을 막을 수도 있다. 장난감의 무용론을 이야기하는 것은 아니다. 감각적인 자극을 주며 운동신경을 발달시키고 지적인 자극을 주는 장난감은 꼭 필요하다. 다만 교육의 효과를 생각지 않고 아이가 요구하는 것을 즉흥적으로 사주기보다는 자연스럽게 생활에서 흔히 볼 수 있는 것들을 활용해 창조적인 놀이를 제공할 필요가 있다는 말이다.

하지만 복잡한 사회 속에서 부모들은 늘 바쁘다. 아이들은 어머니의 옛이야기 대신 TV화면과 CD가 들려주는 이야기를 듣고 싸늘한 플라스틱 인형의 차가운 감촉에 길들여지며 아름답게 생활을 창조해나가는 멋을 잃어간다.

가정 속에서, 사회 속에서, 문화 속에서 크리스천의 창의성이 시급히 요청되는 시기이다. 물질문명과 각종 매스미디어를 통해 사탄은 인본주의의 바벨탑을 쌓게 하고 우두머리가 되려는 꿈을 거침없이 실현시켜 나가고 있다. 부모가 먼저 문화와 사회 속에 하나님의 나라를 실현시켜야 할 책임 앞에 눈을 떠야 한다. 그리고 땅을 정복하고 다스릴 문화 창조를 위해 하나님의 지혜를 간구해야 할 때이다.

자신의 상처가 치유된 부모 ▌ 출근 버스에서 이따금 훤칠하게 키가 큰 청년을 보곤 했다. 외모로 보아서는 별 이상이 없어 보이는 단정한

차림이었는데 그 청년은 낙망한 얼굴로 무언가를 계속 중얼거리고 있었다. 그 청년이 중얼거리는 내용은 알 수 없었지만 '어머니', '아버지' 란 말이 수없이 튀어나오고 있었다. 그 청년을 바라보다가 어쩌면 청년의 부모가 자녀를 노하게 했을지 모른다는 생각을 했다.

일전에 교회 청년부 교사를 하면서 상담을 했는데 뜻밖에도 많은 청년들이 부모에게 상처를 받고 있음을 알게 되었다.

> 또 아비들아 너희 자녀를 노엽게 하지 말고 오직 주의 교양과 훈계로 양육하라 엡 6:4

가족 관계는 이성적인 관계라기보다는 감성적인 관계이므로 도리어 상처받기가 쉽다.

사무엘상 20장에 사울이 다윗을 감싸는 아들 요나단에게 노를 발하여 욕을 퍼붓고 단창을 던지려고까지 하는 장면이 나온다. 사랑하는 친구 다윗을 모욕하고 시기하는 아버지 사울로 인해 요나단은 심한 상처를 입고 만다.

> 사울이 요나단에게 단창을 던져 치려한지라 요나단이 그 부친이 다윗을 죽이기로 결심한 줄 알고 심히 노하여 식사 자리에서 떠나고 달의 제 이 일에는 먹지 아니하였으니 삼상 20:33,34

결국 요나단은 아버지와 마음이 갈리게 되고 아버지와 아들은 전사(戰死)하게 된다.

자식도 부모에게 상처를 입히지만 부모는 자식을 용서함으로 치유받을 수 있다. 그러나 자식은 부모에게 입은 상처를 쉽게 잊을 수가 없다.

누가복음 15장에 하나님의 사랑의 극치를 이룬 이야기가 나온다. 아버지의 두 아들 중 둘째 아들이 아버지로부터 독립을 선언하며 재산을 나누어줄 것을 요구한다. 이것이 아버지에게는 얼마나 큰 상처인지 아들은 아랑곳하지 않는다. 아버지에게 과감히 등을 돌리고 먼 나라로 간 아들은 허랑방탕하여 재산을 다 허비해버린다. 아들을 목매어 기다리던 아버지는 거지가 되어 오는 아들을 받아들임으로 자신이 받은 상처와 자식의 상처가 동시에 아문다.

이 이야기에서 아버지와 아들의 위치를 바꾸어 놓는다면 과연 어떤 결론이 나올까? 조플린의 '탕부(蕩父)의 비유'를 요약해보겠다.

어떤 아버지에게 아들 둘이 있었는데 둘째 아들이 아버지에게 말했다.

"아버지! 나에게 주셔야 할 아버지의 시간과 관심과 사랑과 지도와 도움을 주세요."

그러자 아버지는 아들이 요구한 대로 자신의 삶을 나누어 아들에게 주었다. 아버지는 아들을 여러 특별한 학교에 보내면서 책임을 잘 감당하고 있다고 생각했다.

얼마 후 아버지는 자신이 오랫동안 관심을 갖고 열망하던 것을 이루기 위해 먼 나라로 떠났다. 그는 사업에 정신없이 바빴고 그의 아들에 대해서는 관심을 기울일 여유가 없었다. 아버지는 아들과 다정스럽게 지낼 수 있는 귀중한 기회를 모두 다 낭비하고 말았다. 인생의 황금기에 아버지는 돈을 벌기는 하였으나 인생의 참만족을 얻는 데는 실패했다. 아버지의 가슴은 흉년 같은 허탈감으로 인해 참다운 사랑에 굶주리기 시작했다.

그제야 제정신으로 돌아온 아버지는 '얼마나 많은 사람들이 부자 지간의 아름다운 사랑을 주고받으며 행복하고 다정하게 살아가고 있는가? 나는 여기서 그런 사랑에 굶주려 죽게 되었구나! 나는 이제 일어나 아들에게 돌아가 이렇게 말하리라' 하고 생각한다.

'내 아들아! 내가 하늘과 네 앞에서 죄를 지었으니 이제부터는 아버지라 불릴 자격조차 없구나! 그러니 나를 그냥 네가 알고 지내는 사람들 가운데 하나로 여겨다오!'

그리고 아버지는 일어나 아들에게로 돌아갔다.

아들이 멀리서 오고 있는 아버지를 보았다. 아들은 깜짝 놀라며 뒤로 물러서며 불안해했고 아버지는 아들에게 생각했던 말을 했다.

그러자 아들은 이렇게 말했다.

"아버지! 그렇게는 안 돼요. 이제는 너무 늦었어요. 내가 아버지의 사랑과 지도와 관심을 필요로 할 때가 분명히 있었지요. 그러나 그때 아버지는 너무나 바쁘셨어요. 나는 할 수 없이 다른 사람들을 찾아가게 되었고, 결국 그들로부터 잘못된 지도를 받게 되었어요. 그 결과 지금 내 몸과 영혼은 아주 못 쓰게 되고 말았어요. 너무 늦었어요. 너무 늦었다고요!"

자신의 가족을 사랑의 공동체로 만들지 못하고 가족 밖에서 사랑의 관계를 갈구하는 사람은 공허하다.

심리상담자인 스캇 펙은 "진정으로 사랑을 베푸는 사람의 첫 번째 의무는 언제나 가족관계에 있다"라고 했다. 그는 정신적 질환은 대부분 한 아이가 정신적 성숙을 위해 부모에게서 받아야 하는 사랑이 결핍되거나 그 사랑에 결점이 있을 때 일어난다고 말하면서 집중적인 정신요법은 좋은 부모의 역할을 하는 것임을 주장한다.

인간은 얼마나 미묘한 존재인가. 어린 시절 받아야 할 사랑을 놓치면 성인이 되었을 때에라도 그 사랑이 채워져야만 받지 못한 사랑의 상처가 치유된다니 말이다.

더욱 두려운 것은 부모로부터 상처받은 사람은 자신이 부모로서의 사명을 감당하기 어렵다는 점이다. 부모에게 입은 상처가 치유함을 받지 못했을 때 자신의 자녀에게 또 다른 상처를 입히는 경우를 볼 수 있다.

신경질적으로 가족에게 반응함으로 아내와 자녀들에게 상처를 입히는 가장이 어렸을 때 그의 어머니가 자신을 대하던 식으로 아내나 자녀를 대하고 있음을 발견하게 되고, 어머니가 자기 말을 건성으로 들었던 것처럼 아내도 그럴까봐 두려워하고 있다는 사실을 깨닫게 되거나, 교사의 질문에 틀린 답을 했을 때 비웃었던 교사로 인해 남 앞에서 일생 동안 분명한 어조로 말하지 못하는 경우가 우리에게도 있을 수 있다.

나에게도 그런 상처가 있었다. 내가 중학교 갓 입학했을 때의 일이다. 나는 처음 보는 알파벳을 배우는 데 신이 나 있었다. 집에서 부지런히 예습했던 것을 학교에서 발음해보곤 했는데 어느 날 'H' 발음을 아주 잘한다고 칭찬을 듣고 더욱 신이 나 있었다.

그런데 당시 영어 선생님은 발작적으로 학생들에게 화를 내곤 했다. 하루는 떠들었다는 이유로 우리 반 아이들에게 모든 동작을 정지하도록 명령을 내렸다. 그때 내가 무심코 책상 위에서 굴러 떨어지는 연필을 잡은 순간 내 뺨에서 불이 번쩍 남을 느꼈다. 나는 그날 이후 영어에 대해 흥미를 잃었다.

성인이 된 어느 날 나는 내가 공부하는 데 가장 장애가 되는 영어에 대해 생각해보았다. 나는 영어 학습에 전혀 시간을 들이지 않으려 했을 뿐만 아니라 아는 영어 단어조차 무시하고 결벽증에 가깝도록 그 단어를 우리말로 바꿔 놓곤 하는 자신을 발견했다. 처음엔 내가 아동 문학을 하기 때문이라고 생각했는데, 원인은 중학교 1학년 그 영어 시간 때문임을 알았다. 그것은 경멸의 대상이었다. 나는 그에게 받은 상처로 인해 나의 영어 학습에 대한 가능성을 무시해버렸던 것이다.

부모도 때로 자기 분석에 도전해볼 필요가 있다. 누구나 자기 분석에는 고통이 따른다. 부모뿐 아니라 모든 사람이 다 그렇다. 하지만 부모는 이를 피하지 말고 자기 훈련에 임해야 한다. 자기 분석에 대한 열린 태도가 삶의 방식이 될 때 문제가 치료되기 때문이다.

자신의 상처는 결코 자신의 내부에서 소멸되지 않고 예리하게 자신과 남을 파괴시키는 데 사용된다. 한번은 어느 집사님의 상담전화를 받은 적이 있었다. 자녀가 모두 공부를 잘하고 착한데도 불구하고 자신이 자녀들을 들볶고 욕을 해댄다는 것이었다. 그러지 말아야겠다고 생각하지만 잘 안 된다는 것이었다. 그녀는 울면서 어린 시절에 자신이 받은 상처에 대해 말했다. 부모로부터 욕설을 듣고 자란 상처가 쓴 뿌리가 되어 그녀가 사랑하는 자녀에게 독을 품게 된 것이었다.

부모로서 또는 교사로서 자신의 사명을 수행할 때 출발점을 자신에게 두어야 한다. 자신의 상처를 주님 앞에 내어놓을 수 있어야 한다. 우리가 우리 자신의 문제에 대해 잘 모르고 무엇을 기도해야 할지 모를 때에라도 성령님께 문제를 드러내고 치유해주시기를 빌어야 한다.

이와 같이 성령도 우리 연약함을 도우시나니 우리가 마땅히 빌 바를 알지 못하나 오직 성령이 말할 수 없는 탄식으로 우리를 위하여 친히 간구하시느니라 마음을 감찰하시는 이가 성령의 생각을 아시나니 이는 성령이 하나님의 뜻대로 성도를 위하여 간구하심이니라

롬 8:26,27

부모는 자신의 상처를 치유받아야 할 뿐만 아니라 그 상처의 경험

으로 많은 사람, 특히 자녀들의 위로가 됨으로 자신의 상처에 대해 승리해야 한다.

> 찬송하리로다 그는 우리 주 예수 그리스도의 하나님이시요 자비의 아버지시요 모든 위로의 하나님이시며 우리의 모든 환난 중에서 우리를 위로하사 우리로 하여금 하나님께 받는 위로로써 모든 환난 중에 있는 자들을 능히 위로하게 하시는 이시로다 고후 1:3,4

열린 자세를 가진 부모

부모는 항상 개방되어 있어야 한다. 가르침의 공간에 제한을 받지 말아야 할 뿐 아니라, 지식에 대해서도 자신이 알고 있는 것만을 고집해서는 안 된다. 물이 흐르듯 새로운 지식을 받아들이는 수용성이 필요하다.

율법사와 바리새인들이 예수께서 안식일에 일하시는 것에 대적하는 내용이 신약성경 곳곳에 나온다. 그들이 안식일 법에 스스로 매여 마음을 열지 못함을 예수님은 꾸짖으셨다.

누가복음 13장에 보면, 십팔 년 동안을 귀신 들려 앓으며 꼬부린 채 조금도 펴지 못하는 여인을 예수님께서 회당에서 고치셨을 때에 회당장이 분내어 말한다.

> 일할 날이 엿새가 있으니 그 동안에 와서 고침을 받을 것이요 안식

일에는 말 것이니라 _{눅 13:14}

이에 주께서 이렇게 대답하신다.

외식하는 자들아 너희가 각각 안식일에 자기의 소나 나귀나 마구에서 풀어내어 이끌고 가서 물을 먹이지 아니하느냐 그러면 십팔년 동안 사단에게 매인 바 된 이 아브라함의 딸을 안식일에 이 매임에서 푸는 것이 합당치 아니하냐 _{눅 13:15,16}

예수님은 또 고창병 든 사람을 안식일에 고치시고 이런 말씀을 하셨다.

너희 중에 누가 그 아들이나 소나 우물에 빠졌으면 안식일에라도 곧 끌어내지 않겠느냐 _{눅 14:5}

예수님은 바리새인들이나 율법사들의 왜곡된 율법의 지식에 대해 그 틀을 부수셨다. 바리새인이나 율법사들은 그들의 지식이 새로운 것에 부딪힐 때 극렬히 대적했다. 낡은 부대와 같았던 유대종교는 예수께서 선포하신 새복음을 받아들일 수 없었다. 그들의 지식이나 사고의 폐쇄성보다 더 문제가 되는 것은 인간과 인간 사이에 닫힌 마음이었다.

그들은 자신의 지식이나 소유에 대해서는 너그러웠다. 그러나 십팔 년 동안 귀신들려 앓는 여인이나 고창병으로 고생하는 사람들에 대해서는 마음을 열지 않았다. 그들의 율법은 자신에 대해서는 합리적이었고 타인에 대해서는 굴레였다. 율법사와 바리새인들은 자의로 확대시킨 전통과 잘못 해석된 율법의 굴레를 타인에게 씌우곤 했다.

화 있을진저 또 너희 율법사여 지기 어려운 짐을 사람에게 지우고 너희는 한 손가락도 이 짐에 대지 않는도다 눅 11:46

예수님께서는 사람들의 마음의 완악함을 근심하셨다(막 3:5). 자녀 교육에 있어서도 우리는 종종 바리새인이나 율법사와 같은 실수를 저지르기 쉽다. 사랑으로 개방된 마음이 없을 때 교육은 오히려 무서운 독선과 차가운 지성으로 남는다. 부모는 인간관계에 항상 마음이 열려 있어야 한다. 나보다 남을 낮게 여기고 배우는 수용적인 자세를 가져야 하고 사랑으로 모든 자녀들을 수용할 수 있어야만 한다.

내 교육 방법만이 옳고 내 자녀의 행실만이 옳다고 주장하는 부모들이 있다. 교육 현장에서 '내 아이는 그럴 아이가 아니고 남의 아이는 잘못된 아이'로 생각하는 부모를 종종 만난다. 그런 부모는 자녀의 타인에 대한 수용성을 함께 매몰시킨다. 남의 자녀도 나의 자녀처럼 품는 열린 마음이 필요하다. 남의 자녀가 잘 돼야 나의 자녀가 잘 된다는 의식이 있어야 한다.

아더 밀러의 희곡 〈아들을 위하여〉에서 배울 점을 발견할 수 있다.

존 켈러라는 조그만 비행기 부속품 제조 공장의 경영주가 있었다. 그는 자신의 아들들을 위해서는 어떠한 일이라도 할 만큼 자녀를 지극히 사랑했다.

그런 그가 전쟁 중에 시간에 쫓겨 불량품인데도 비행기 회사에 납품했다. 그가 만든 불량 부속품으로 제작된 전투기 스물한 대가 전투에 나갔다. 그 전투기에는 존 켈러의 아들과 같은 젊은이들이 타고 있었다. 전투에 나갔던 비행기들은 사고로 추락하여 공군 조종사들이 모두 죽었다. 그런데 놀랍게도 죽은 조종사 중에 존 켈러의 둘째 아들이 있었다.

그 아들은 아버지가 불량품을 납품한다는 사실을 눈치채고 자진해서 그 비행기를 타고 나가 젊은 동료 조종사들과 함께 죽은 것이다. 뒤늦게 이 사실을 알게 된 장남은 아버지에게 책임을 추궁했고, 존 켈러는 비로소 아들을 위하여 이익을 추구하던 것이 오히려 아들을 죽게 했음을 깨닫고 죽은 공군 조종사 모두가 내 아들이라는 책임을 느끼면서 번민 끝에 자살하고 말았다.

이 세상은 더불어 살게 되어 있다. '내 아들 딸만', '내 가족만' 행복하게 살 수는 없다. 내 사랑하는 자녀가 이 세상을 살면서 악한 사람을 만나지 않으려면 모든 사람들이 선해야 한다. 그러므로 부모는 누구를 대하든지 다 사랑하는 자식처럼 수용하고 가르칠 수 있어야만 한다.

잘 놀고 안식할 줄 아는 부모

요즘 아이들은 놀 줄을 모른다고 해도 과언이 아니다. 방학이면 하루 종일 텔레비전과 컴퓨터, 게임기 앞에 붙어있기 일쑤이다.

크리스천 부모와 교사들은 흥미롭고 유익한 놀이 방법 창안에 고심해야 하고 스스로 즐겁게 놀 줄 알아야 한다. 어른과 함께 놀이를 창조해보는 일은 아이들에게 즐기면서 배우는 법을 알려준다. 크리스천의 건전한 놀이 문화가 세속적 세상 문화보다 월등한 자세를 취해야만 세상 문화 속에 도사리고 있는 사탄의 계략에서 아이들을 건질 수가 있다.

가정이 즐거운 곳이라면 우리들의 자녀들은 집 밖으로 맴돌거나 인터넷 게임에 빠질 리가 없다. 부모나 교사는 안식의 분위기, 즐거운 분위기를 끊임없이 만들어가야만 한다.

무엇을 못하게 금하기보다 그것을 이용하여 교육적 효과를 노리는 것도 중요하다. TV를 아이와 함께 보고 그 내용을 가지고 이야기해보고 성경 말씀에 비추어 살펴보면서 하나님의 자녀로서 나의 태도는 어떠해야 할까를 함께 토의해보는 것도 좋다.

교사나 부모는 정보에 빨라야 한다. 좋은 내용의 비디오테이프와 책을 선정해주는 데도 민감해야 하기 때문이다. 그러나 언제나 기준은 성경이어야 함을 잊지 말아야 한다.

남자 아이의 경우 아버지와 함께 동적인 놀이, 축구, 야구 등을 하는 것을 무척 좋아한다. 남자의 기상이 점차 쇠약해져가는 시대이다. 부자가 시간을 갖고 낚시나 등산을 가거나 야외캠프를 할 기회를 적극적으로 만들고, 집 안에서라도 함께 씨름을 하며 몸을 접촉시키는 기회를 갖는 것이 좋다. 또 가끔은 남자들만의 대화의 시간을 가지는 것도 남자답게 키우는 일에 도움을 줄 것이다.

가정에서 '조용히!', '깨끗이!' 만 요구하는 부모들이 많다. 어른들은 좀더 활기차게 놀 수 있는 공간을 아이에게 제공해야만 한다.

마당이 없는 집이 점점 늘어가고 있다. 놀이 할 공간을 빼앗는 것은 화사하고 따뜻한 봄을 내쫓고 여유 없고 메마른 삭막한 겨울을 부르는 것과 같다. 오스카 와일드의 동화《거인의 뜰》같이 아이들의 놀 공간을 빼앗아서는 안 된다. 거인이 높은 판자 담을 부수듯 아이들을 위한 공간을 터주어야 한다.

또한 크리스천 부모들은 안식을 누릴 줄 알아야 한다. 유대 민족은 안식일에 모든 일과 사람들로부터 떠나 자신과 대면하여 내면을 직시하는 시간을 갖는다. 일에 대한 객관적 응시를 할 수 있는 날도 안식일이며 정신을 쉬게 하는 날도 이날이다. 유대인은 적극적으로 쉬는 것이 의무이다. 이날은 오직 배우는 일과 가르치는 일에 열중해야 한다. 요리도 하지 않고 자신을 가르치고 자녀를 가르친다.

칠 일중 하루를 쉬라고 명령하신 분은 하나님이시다. 그분은 인간의 체질을 잘 아시며 인간이 흙으로 만들어진 자신을 돌아보아야 함도 아신 것이다. 그럼에도 한국의 크리스천들은 육신의 한계를 초월

하려고 한다. 철저히 쉬는 일이 하나님의 일임을 무시하거나 쉬는 것이 죄악처럼 교육받는 예도 허다하다.

주의 일은 예수님을 믿는 일이다(요6:29). 그것은 고요한 묵상의 시간을 우리에게 요구하고 한가한 대화의 시간을 요구한다.

전승에 의하면 요한 사도가 에베소 교회의 감독으로 있을 때 비둘기를 키우는 취미가 있었다고 한다. 어느 날 한 장로가 사냥을 다녀오는 길에 요한의 집을 지나가다가 그가 새를 데리고 노는 것을 보았다. 장로는 요한 사도에게 그런 하찮은 일로 시간을 보내서야 되겠냐고 했다. 그때 요한은 장로의 활을 보면서 활줄이 늘어져 있다고 말했다. 그러자 장로는 이렇게 대답했다.

"네, 사냥을 하지 않을 때는 활줄을 늘 이렇게 느슨하게 해놓습니다. 만일 항상 팽팽한 채로 두게 되면 탄력성을 잃어 사냥할 때 실수를 하게 됩니다."

요한 사도는 이렇게 말했다.

"나는 지금 마음의 활을 느슨하게 하는 중입니다. 그렇게 함으로써 하나님의 진리의 화살을 더 잘 쏘아 맞추기 위해서입니다."

한국 교회 성도들은 쉬는 법을 모른다. 늘 긴장되어 있고 중압감에 눌려 일도 창의적으로 하지 못하고 분쟁도 자주 일어난다. 예수님께서는 "너희는 따로 한적한 곳에 와서 잠간 쉬어라"(막6:31)라고 하셨다.

자녀들이 어려서부터 규칙적으로 휴가를 즐길 줄 알도록 가르치고, 취미 생활과 건전한 오락을 통해 효율성을 갖도록 해주려면 부모가 잘 놀고 안식할 줄 알아야 한다. 건전한 취미 생활을 가진 사람은 삶을 무질서의 시간으로 낭비하거나 악한 일을 궁리하지 않는다. 가족과 함께 노래를 부른다거나 악기를 연주하는 것도 좋고, 토요일 하루를 가정의 날로 정해 휴식하는 법을 가르치는 일도 바람직할 것이다.

자녀들아 너희 부모를 주 안에서 순종하라 이것이 옳으니라

네 아버지와 어머니를 공경하라 이것이 약속 있는 첫 계명이니 이는 네가 잘 되고

땅에서 장수하리라 또 아비들아 너희 자녀를 노엽게 하지 말고

오직 주의 교양과 훈계로 양육하라 에베소서 6장 1-4절

2 하나님의
자녀에게
가르쳐야 할 것들

CHAPTER 05

삶을 통한 가르침

인간의 행복은 관계 속에서 이루어진다. 그러므로 교육은 나를 다스릴 수 있는 가르침, 너와 나와의
관계, 나와 하나님과의 관계, 그리고 나와 자연과의 관계 속에 화목을 이루어 나가는 실존적인 문제
를 다루어야 한다.

무엇을 가르칠 것인가?

사람은 누구나 행복하게 살기를 원한다.
인간이 본래 복을 받을 존재로 창조되었기 때문이다.

하나님이 자기 형상 곧 하나님의 형상대로 사람을 창조하시되 남
자와 여자를 창조하시고 하나님이 그들에게 복을 주시며 창 1:27,28

대만을 여행했을 때 음식점 천장에 '복(福)' 자를 빨간 글씨로 크게
적어 거꾸로 매달아놓은 것을 보았다. 복이 머리 위로 쏟아지라고 거
꾸로 매달아놓았다는 것이다.

인간의 복에 대한 갈망은 본능적이다. 교육도 행복을 위한 하나의 방식이다. 그러나 교육을 많이 받았다고 다 행복한 것은 아니다. 오히려 교육을 전혀 받지 못한 산골의 어느 촌부가 더 행복할 수도 있다.

살면서 마음의 평안을 잃게 될 때 우리는 불행해진다. 삶의 행복과 불행은 외부에서 가해지는 것보다 그것으로 인해 얼마만큼의 충격을 받느냐 하는 내부적인 방어의 능력에 달려 있다.

참교육은 인간을 행복하게 할 책임을 갖는다. 인간의 행복은 관계 속에서 이루어진다. 나와 너와 우리의 관계 속에서 인간은 행복해지기도 하고 불행해지기도 한다. 그러므로 교육은 나를 다스릴 수 있는 가르침, 너와 나와의 관계, 나와 하나님과의 관계, 그리고 나와 자연과의 관계 속에 화목을 이루어 나가는 실존적인 문제를 다루어야 한다.

삶 속에 생기는 수많은 갈등을 해결해주는 것은 수학의 방정식이 아니다. 그건 단지 매우 부수적인 생활의 편리를 도모할 수 있는 나사못 역할을 할 뿐이다.

관계 속에서 자아를 탐색하고 향상시키며 타인과 화평하는 자가 되고 하나님을 알고 자연을 다스리는 문제야말로 인간 행복의 샘물을 찾아내는 일이다. 참된 행복의 의미를 알고 행복하게 살아가는 방법을 가르치는 것이 교육이다.

크리스천 교육은 사람과 하나님과의 관계 형성에 따라 사람간의 관계성을 배우는 일이다. 이러한 모든 관계성의 바탕은 사랑이다. 그러므로 사랑받는 법과 사랑하는 법은 크리스천 교육의 기본이 된다.

우리는 이따금 '학교 우등생이 사회 열등생' 이라는 말을 한다. 이것은 은연중에 지식 전달 위주의 학교교육의 허점을 드러내는 말이다. 사는 방법은 실천적이고 행동적이며 주체적이나 지식에의 열중은 부수적이며 정적이고 객관적인 행동 양식이기 때문이다. 지적인 교육도 중요하다. 그러나 우선순위와 중요성에 있어서 가장 중요한 것은 아니다.

누군가 "왜 당신은 수학, 예술 등을 공부합니까?" 하고 물으면, "그것은 하나님이 창조하신 전체의 부분이기 때문이지요"라고 크리스천들은 대답할 수 있어야 한다. 크리스천 자녀교육은 세상에 실재하는 모든 것을 하나님의 실재로 이해해야 하며 하나님과 타인, 나아가서는 자연과 함께 사는 방법을 가르쳐야 한다.

공자는 "삶을 모르는데 죽음을 어떻게 아는가?" 라고 말했다. 그러나 예수 그리스도는 삶의 모든 문제의 열쇠를 쥐고 있고 삶의 대안을 우리에게 자신의 삶 전부로 제시하신다.

존 듀이는 "교육이란 살아나가는 일(way of life) 바로 그것이다" 라고 말했다. 창조주가 인간을 창조하신 직후 보시기에 심히 좋았던(창 1:31) 대로 인간은 살아가는 방법을 사랑의 양식으로 배워야만 한다.

종교란 본질적으로 우주와 그 속에 있는 나의 위치를 해석하는 일이다. 자기의 본질을 알고 창조주와 화목하고 타인과 더불어 하나님의 나라를 확장시키며 더불어 살아가는 방법과 즐거움을 나누는 방법을 배울 때 인간은 행복을 엮어 갈 수 있다.

언젠가 특정한 종교교육을 한다고 해서 학부형의 강한 반발에 부딪친 적이 있었다. 그때 나는 항의해 온 학부형들에게 이렇게 말했다.

"무릎 아래 자식이라는 말이 있습니다. 지금은 어리니까 어머니들 뜻대로 키우실 수 있을 것 같으시겠지만 이 악한 세대에 과연 뜻대로 키우실 수 있습니까? … 저는 사랑을 가르칠 뿐입니다. 누가 뭐라 해도 이 일은 계속 될 것입니다."

부모는 자녀가 사랑으로 삶을 행복하게 살아갈 수 있는 준비를 시켜야 한다. 사랑으로 이 사회를 개혁시킬 인물을 준비시키는 일이 이 시대의 부모들과 교사들의 사명인 것이다.

어떻게 가르칠 것인가?

크리스천 자녀교육의 심오함은 보이는 것과 보이지 않는 것의 결합에 있다. 부모는 보이지 않는 것을 실체로 만날 수 있어야 하고 그것을 보이는 것과 결합시킬 수 있어야 한다. 보이지 않는 실체를 확신 있게 자녀에게 전달할 수 있도록 고민해야 한다. 우선 보이지 않는 것들이 더 큰 영역을 차지하는 크리스천 자녀교육 내용을 깊이 묵상하지 않으면 안 된다. 하나님, 사랑, 소망, 천국, 부활 등을 지적 의식 속에 감지시키는 정도로 끝나서는 안 된다. 부모가 먼저 보이지 않는 것들을 살아 움직이는 실체로 만나야 하고 그 만남의 깊이가 더할수록 자녀들에게 더 큰 영향을 미칠 수 있는 것이다.

'보이지 않는 것들을 과연 가르칠 수 있을까?', '그것은 어떤 느낌이나 감정의 문제가 아닌가?', '관계 속에서 우연히 발견하는 어떤 기회는 아닌가?' 라는 반문 속에서 크리스천 자녀교육은 역동성을 잃고 무기력의 늪에 빠지곤 한다.

크리스천 자녀교육은 생명력 있는 활동이다. 살아서 활기차게 움직이며 생명을 증식시킨다. 성경은 보이지 않는 것들을 볼 수 있게 하는 열쇠가 '믿음'이라고 말한다.

믿음은 바라는 것들의 실상이요 보지 못하는 것들의 증거니 선진들이 이로써 증거를 얻었느니라 히 11:1,2

사막을 아름답게 볼 수 있는 것은 사막 속에 오아시스가 있다는 믿음 때문이다. 믿음은 크리스천 교육의 추진력이다. 보이지 않는 것을 볼 수 있게 하는 안경을 믿음이라 한다. 그리고 우리는 그 안경을 써야 할 의무가 있다.

인간은 보이는 것에 집착하는 죄악을 저지름으로(창 3:5-7) 진실로 보아야 할 것들에는 소경이 되었다.

너희가 듣기는 들어도 깨닫지 못할 것이요 보기는 보아도 알지 못하리라 마 13:14

예수께서는 본다고 하면서 보지 못하는 자들을 향하여, "우맹이요 소경들이여"(마 23:17)라고 꾸짖으신다. 그런 인간의 죄성을 아시는 하나님은 보이는 것으로부터 교육을 시작하신다.

유월절 제사 의식을 이스라엘 백성에게 가르치신 후 그 의식을 행하는 것을 보며 그들의 자녀가 이 예식이 무슨 뜻이냐고 하거든(출 12:26) 이스라엘 자손을 애굽에서 구원하신 보이지 않는 하나님을 가르치라고 하신다(출 12:27). 돌판에 보이는 계명을 새기신 후 모세에게 이렇게 말씀하신다.

> 너로 그들을 가르치려고 내가 율법과 계명을 친히 기록한 돌판을
> 네게 주리라 출 24:12

보이는 돌판으로 보이지 않는 약속의 하나님이 드러난 것이다.

아브라함의 아내 사라는 이미 경수가 끊어진 늙은 자신의 모습만을 보고 아들을 낳게 하시겠다는 하나님의 약속에 웃고 만다(창 18:12). 그러나 하나님은 사라를 통해 전능하신 하나님을 나타내신다. 그 전에 하나님은 아브라함에게 밤 하늘에 무수히 빛나는 별을 보여주시며 그 자손의 번성을 믿음으로 보게 하신 것이다.

성경 속에 많은 인물들이 보이지 않는 것을 보기 위해 고난을 거쳤다. 이삭은 '준비하시는 하나님'을 보기 위해 자신이 번제로 나뭇단 위에 제물로 올려지는 경험을 하기도 하고, 야곱은 하나님의 전을 보기 위해 쫓겨 가며 돌베개를 베고 자는 외로움을 경험하게도 되고, 마

르다와 마리아는 오라비의 죽음이라는 아픈 경험을 통해 부활을 보기도 하고, 엠마오 도상의 두 제자는 스승이 십자가에 못 박히는 것을 보는 아픔을 통해 구세주이신 참 스승을 보게 된다.

보지 않고 믿는 자가 더 복되다고 하지만 보기를 간절히 원할 때 이를 거절치 않으시고 하나님은 자신을 나타내신다.

눈에 보이는 것들을 통해 보이지 않는 것을 가르치는 것은 예수님의 교수법이기도 하다.

어린아이를 보게 하심으로 천국을 가르치시고, 연보궤에 생활비 전부를 넣는 여인을 보시며 헌신을 가르치시기도 한다. 도마는 예수 그리스도의 상처를 만져봐야 믿겠노라고 하기도 했다. 그에 대해 주님은 "내 손과 발을 보고 나인 줄 알라 또 나를 만져보라 영은 살과 뼈가 없으되 너희 보는 바와 같이 나는 있느니라"(눅 24:39)라고 응답하신다. 이 말씀은 보고야 믿겠다는 믿음 없는 자들에 대한 책망도 되지만 또 다른 의미로는 참 실체이신 하나님을 허상으로 가르치는 교육의 허점을 찌르기도 하는 말씀이다.

예수 그리스도는 실체이시다. 그러나 우리는 자칫 그분을 보이지 않는, 실체가 아닌 분으로 가르칠 수도 있다. 보이지 않으나 살아계신 하나님과 그분이 주시는 신령한 하늘의 것들에 대해 밝히 볼 날이 올 것이다.

우리가 이제는 거울로 보는 것 같이 희미하나 그때에는 얼굴과 얼

굴을 대하여 볼 것이요 이제는 내가 부분적으로 아나 그때에는 주
께서 나를 아신 것같이 내가 온전히 알리라 고전 13:12

그러나 그 전까지 성경이 가르치는 대로 보이는 것들을 통해 보이
지 않는 것을 가르쳐야 할 것이다.

삶을 통해 배우게 하라

하나님은 누구의 증거로도 완전하심을 드
러낼 수 없는 분으로 어제나 오늘이나 동일하신 분이지만 인간은 상
황 속에서 하나님의 실존을 경험함으로 하나님을 만나게 된다. 그러
므로 크리스천 자녀교육은 어떤 교육과정 속의 고정적인 학습에서보
다 삶 속에서의 유동적인 학습에 더 큰 영향을 받는다. 교육은 곧 생활
이며 크리스천 교육은 하나님과 함께 사는 간증이기 때문이다.

그러나 여기서 분명히 해야 하는 것은 교사는 개인의 경험으로부터
성경을 해석해서는 안 된다는 것이다. 성경을 통해 우리에게 말씀하시
는 궁극적인 메시지를 기반으로 한 삶의 간증이어야 한다.

어떤 사람이 가난한 한 여인에게 이런 질문을 했다고 한다.

"얼마나 자주 기도하십니까?"

그러자 그 여인은 이렇게 대답했다.

"쉬지 않고 기도합니다. 너무나 바빠 기도할 시간조차 가질 수 없을
때는 일하면서 기도한답니다. 빨래를 하면서 '주여, 내가 이 옷을 빠

는 동안 내 속에 있는 더러운 모든 죄도 깨끗하게 씻어주옵소서' 하고 기도합니다. 불을 땔 때는 '오! 주님, 아궁이 속에서 타오르는 저 불길처럼 내 심령 속에서도 뜨거운 믿음의 불길이 타오르게 하옵소서' 하고 기도합니다. 김을 맬 때나 잡초를 뽑을 때면 '내 마음 속에 자라나는 가라지를 뿌리째 뽑아 주옵소서' 하고 기도합니다."

신앙의 짐이 무거운 것은 생활과 신앙을 분리해서 생각하기 때문이다. 생활 위에 신앙이라는 짐을 더 진다고 생각하는 것이다. 그러나 신앙과 생활은 분리된 것이 아니고 어우러져야 한다.

교육 역시 마찬가지이다. 생활 속의 어우러짐이다. 시장 가는 길에 자녀와 함께 오르는 계단을 세면서 숫자 공부를 할 수도 있고, 길가의 간판을 읽으면서 읽기 공부를 할 수도 있다. 집 안 가구들을 옮겨 놓으면서 배치에 대하여 가르칠 수도 있다. 앞뜰에 노란 장미가 피어있는데도 책에 있는 노란 장미 사진을 가리키며 "이게 노란 장미야, 알았지?" 하는 부모들이 많다.

지혜로운 부모는 책에 지나치게 의존하지 않는다. 자녀교육을 전적으로 책에 의존하기 때문에 부모나 아이가 배움의 참신성을 잃게 되는 경우가 종종 있다.

또 학교교육에서 교과서의 활용도 반드시 가르쳐야 할 절대적인 교재로 만들어진 것이 아니다. 교사의 재량과 환경에 따라 얼마든지 다른 자료나 소재로 바꾸어 활용할 수 있는 참고서로서의 역할을 할 뿐이다.

예수님은 주변의 모든 것들을 교재로 삼으셨다. 무화과나무 옆을 지나시며 열매 맺지 못하는 삶에 대하여, 논밭을 바라보시며 씨 뿌리는 비유 등을 실감나게 설명하셨다. 아이가 친근해 하는 주위의 것에서부터 교육은 시작되어야 한다.

아이와 함께 화단에 씨를 뿌리며 씨 뿌리는 비유를 가르칠 수 있고, 결혼식장에 다녀오면서 가나의 결혼 잔치를 가르칠 수도 있다. 잃은 물건을 찾은 후 성경의 잃은 양이나 잃은 동전에 대하여, 잡초를 뽑다가 알곡과 가라지의 이야기를, 바닷가에서 예수님의 제자들의 이야기를, 닭을 보며 베드로의 이야기를, 시냇가의 조약돌과 막대기를 보며 다윗의 이야기를, 떡을 먹으며 오병이어의 기적을, 환자를 위문하고 돌아오는 길에 간질병 아이를 고치신 이야기를, 자녀의 발을 씻기며 제자들의 발을 씻기신 예수님의 이야기를 가르칠 수 있을 것이다.

부모는 생활 속에 있는 사건들을 쉽게 지나치지 말아야 한다.

내가 시골에서 교편을 잡고 있을 때였다. 교과서에 나오는 '별자리'에 대한 학습 이해가 늦어져 한밤중에 아이들을 소집했다. 깜깜한 하늘을 보면서 우리들은 별자리 공부를 했고 준비해온 멍석 위에서 별자리에 얽힌 이야기를 들으며 신비한 우주를 만끽했다.

돼지에 대해 배울 때에는 돼지 치는 집에 연락을 하고 찾아가서 배웠다. 지금도 잊혀지지 않는 것은 부끄러워 얼굴을 붉히며 말하던 시골 아낙네의 목소리이다.

"여러분 돼지가 더러운 줄 알지요. 그렇지만 돼지를 쳐 보면 돼지처럼 깨끗한 걸 좋아하는 가축도 드물다는 걸 알게 될 거예요."

비닐하우스를 배울 때는 비닐하우스에 가서 직접 일을 하며 공부했다. 있는 환경을 그대로 활용한 것이었지만 아이들은 교실을 떠나 만물 속에 배울 것이 있다는 것을 깨달았을 것이다. 그리고 새로운 배울 거리를 스스로 찾아 나갈 것이다.

CHAPTER 06 하나님과의 관계 1

예수님이 찾으시는 단순함

아이들은 복잡하게 이리저리 가지를 치는 어른들의 사고와는 달리 말씀을 그대로 듣고 믿는다. 그러므로 그들의 이해를 돕는다는 생각에서 너무 복잡하게 배경을 설명할 필요가 없다. 단순한 설명이 오히려 아이의 사고를 집중시킨다.

아이들의 단순성을 계발시키라

부모는 교육을 한다고 하면서 오히려 아이들을 어리둥절하게 하고 배움의 달콤한 맛보다는 씁쓰름한 맛을 먼저 보여 도망가게 할 때가 많다. 그러면서 자녀교육이 어렵다고 한탄한다. 그것은 부모가 어른의 것을 자녀들에게 주입시키려 하기 때문이다.

어떤 사물을 설명할 때도 어른의 입장에서 사고하여 복잡하게 만들고 그 복잡하고 맛없는 것을 또 어른의 언어로 전하려고 땀을 흘리기 때문이다. 예수님은 이에 대해 이렇게 말씀하신다.

진실로 너희에게 이르노니 너희가 돌이켜 어린아이들과 같이 되지 아니하면 결단코 천국에 들어가지 못하리라 그러므로 누구든지 이 어린아이와 같이 자기를 낮추는 그이가 천국에서 큰 자니라 또 누구든지 내 이름으로 이런 어린아이 하나를 영접하면 곧 나를 영접함이니 마 18:3-5

부모는 먼저 어린아이와 같이 자기를 낮추어야 한다. 교육은 서로 마음이 통하는 것인데 어른으로 있으면 어린아이들이 마음을 열어 친구가 되려 하지 않는다. 아이는 친구를 좋아하지 지도자를 좋아하지 않는다.

하나님에 대해서도 위에서 군림하시는 분이라고 가르치면 도망치려 한다. 함께 손을 잡고 뛰어놀 수 있는 분이어야 한다. 하나님 역시 아이의 머리를 어루만져주시고 안아주시길 원하신다.

아이의 단순성을 잘 나타내주는 이야기가 있다.

어느 나라에 작고 귀여운 공주가 살았다. 왕의 귀여움을 듬뿍 받고 있는 아주 사랑스러운 공주였는데 어느 날 엉뚱한 떼를 쓰기 시작했다. 하늘에 있는 달을 따 달라는 거였다.

아버지인 왕은 딸의 떼를 견디다 못해 나라의 유명한 학자들과 신하들을 불러 달을 따오려면 어떻게 해야 할까를 의논했다. 학자들은 달과 지구의 거리를 재느라 골머리를 앓았고 신하들은 공주에게 그것은 딸 수 없는 것이라는 사실을 납득시키려고 달에 대해 설명하기 시작했다.

날마다 달을 갖기를 원하던 공주는 그만 병이 나고 말았다. 그때 늘 공주와 함께 놀아주던 어릿광대가 공주에게 가서 물었다.

"공주님 달이 어떤 거지요?"

"바보, 그것도 몰라. 달은 내 손톱만하고 금으로 만들어진 거야."

"아하, 그렇군요."

공주의 달을 알아차린 어릿광대는 금으로 손톱만한 달 모양의 목걸이를 만들어 공주에게 주었다. 공주는 기뻐하며 달을 목에 걸고 다녔다. 그런데 임금님과 신하들과 학자들은 또 고민에 빠졌다.

밤 하늘에 달이 떠올라 공주가 목에 걸고 있는 달이 가짜인 걸 알면 다시 병이 날 텐데, 이 문제를 어떻게 하면 좋을까 하는 것이었다. 까만 커텐을 쳐서 공주가 하늘을 볼 수 없게 하자는 등의 의견이 나왔지만 신통치 않았다. 어릿광대가 말했다.

"공주님이 그 답을 알 것입니다."

어릿광대는 달을 목에 걸고 즐겁게 놀고 있는 공주에게로 가서 물었다.

"공주님, 공주님의 달은 여기 있는데 하늘에 또 달이 떴으니 어쩐 일이지요?"

공주는 딱하다는 얼굴로 어릿광대를 바라보며 대답했다.

"그것도 몰라? 그건 이가 빠지면 새 이가 돋아나는 것과 같은 거야."

"아하 그렇군요."

어릿광대는 무릎을 치며 기뻐했다.

'아이의 달'은 단순했지만 '어른의 달'은 복잡해서 골치가 아프고 이론적이고 생동감이 없었다.

신앙교육에서도 '하나님에 대하여' 가르치느라고 골머리를 앓는 부모나 '하나님과 사람'과의 거리를 재느라고 땀을 빼는 교사들이 많다. 아이가 가지고 있는 단순성을 격려하고 기뻐해주는 어릿광대를 닮은 교육자가 필요하다.

"얘야, 하나님은 너를 사랑하신단다."

부모가 사랑이 담뿍 담긴 얼굴로 하나님의 사랑을 표현해주면 아이들은 그저 기쁘기만 하다.

"왜 사랑할까? 무엇 때문이지? 어떻게 사랑할까? 그럼 나는 무엇으로 보답해야 하지?"

아이들은 이렇게 말하거나 생각하지 않는다. 그저 사랑한다는 것이 좋다. 아이가 점차 자라가며 하나님의 사랑에 대해 더 구체적으로 물을 수도 있다. 그것은 사랑하기 때문에 더 알고 싶은 의문이 된다.

부모는 아이의 단순성을 눈치채야 한다. 복잡한 이론이나 교리의 주입은 오히려 아이를 겁먹게 할 뿐이다. 교과서 속에 문자화된 하나님을 가르쳐서는 안 된다. 아이의 단순성은 그것을 배격한다. 부모들은 언어를 단순화시켜야 한다. 그리고 어른의 언어를 아이의 생활 속의 언어로 바꿀 수 있어야 한다.

"엄마가 어제 저녁에 지갑을 잃어버렸단다. 큰일 났지 뭐니. 그래서 하나님께 찾아달라고 부탁드렸단다. 그랬더니 사랑이 많으신 하나님이 찾아주셨어. 너도 그런 적이 있니?"

아이들의 생활 속에서 간증을 유도한다면 아이들은 삶 속에서 하나님을 인정하려 할 것이다. 아이들에게 "아브라함은 누구를 낳았나요?" 하는 질문은 재미없다. 또 거기에 맞추어 "이삭이요" 하는 대답 역시 별 의미가 없다.

"어제 저녁에 우리 엄마가 아기를 낳았어요. 하나님이 주신 거래요. 하나님이 나도 낳게 하시고 우리 아빠도 낳으셨대요. 그래서 하나님은 우리 아빠래요."

성경의 이야기를 자기의 이야기로 만들어 말할 수 있도록 가르쳐야 한다. 그것은 부모가 언제 어디서나 하나님을 단순하게 인정할 때 가능하다.

"어쩜 꽃이 이렇게 예쁘게 피었을까? 하나님은 솜씨도 좋으시구나!"

"그 일이 어려운 모양이구나. 하나님께 부탁드려보렴. 도와주실 거야."

"어젯밤에 엄마는 단잠을 잤단다. 하나님께서 푹 자게 해주셔서 어찌나 감사한지…."

"하나님께서 좋은 물건을 사게 해주셨단다."

생활 속에서 늘 하나님과 손을 잡고 걷는 부모를 보고 자녀들은 얼른 하나님의 다른 편 손을 잡게 될 것이다.

믿음으로 단순하게 기도하기

기도를 가르칠 때도 아이들의 단순성을 살려주는 것이 중요하다. 기도의 문장에 무엇 무엇이 들어가야 한다고 가르치지 말고 짧게라도 아이 자신의 언어로 말하게 하자. 아이는 자연스러운 것을 좋아한다.

나의 조카가 여섯 살 때 유치원에서 열리는 동화구연대회에 나간다고 해서 올케가 '다윗과 골리앗'을 열심히 가르쳤다. 그런데 조카는 영 재미없어 했다. 대회가 열리기 전날 조카는 나에게 "나는 다른 이야기를 하기로 했어"라고 하더니 이야기 한 편을 짤막하게 했다.

내용을 가만히 들어보니 '선한 사마리아인'의 이야기 같은데 자기 마음대로 꾸민 것이었다. 쓰러진 사람을 보고 "아이구, 징그러워라" 하고 도망갔다는 식이었다. 그 이야기의 제목이 뭐냐고 물었더니 조카는 천연덕스럽게 대답했다.

"사람과 도둑놈이야."

기도를 어렵게 가르치거나 간섭해서는 안 된다. 자신의 말로 할 때 아이는 솔직하게 기도한다. 기도를 강요해서도 안 된다. 그것보다는 기도를 할 수 있는 분위기를 만들어주는 것이 더 중요하다.

"야, 이건 정말 감사한 일인걸. 애들아 하나님께 감사기도 드려야겠지?"

"정말 그 아이는 슬프겠구나. 우리가 그 애를 위해 해줄 수 있는 일이 없을까. 하나님께 기도드리면 어떨까?"

기도와 생활을 연결시켜주는 일이 부모의 일이다.

성경 말씀을 믿도록 가르치려고 과학적인 증거나 논리적인 설명을 짜내려 노력하거나 너무 거창한 예화를 준비하기 이전에 아이의 단순성을 강화해달라는 부탁을 주님께 드리는 것이 중요하다. 아이들의 단순성은 오히려 어른들이 본받아야 할 부분이다. 아이들은 복잡하게 이리저리 가지를 치는 어른들의 사고와는 달리 말씀을 그대로 듣고 믿는다. 그러므로 그들의 이해를 돕는다는 생각에서 너무 복잡하게 배경을 설명할 필요가 없다. 단순한 설명이 오히려 아이의 사고를 집중시킨다.

"하나님께서 이렇게 말씀하셨단다. 무엇이든지 믿고 구하는 것은 다 받은 줄로 믿으라고 말이야. 그러니까 하나님께서 주실 줄 믿고 기도하면 꼭 주신다는 거지. 엄마는 이 말씀을 믿는단다. 이런 일이 있었거든…."

이렇게 생활과 연관지어 간증을 하면 아이들은 그 말씀을 스폰지처럼 흡수하고 자신의 생활 속에서도 간증을 만든다. 한번은 이런 일이 있었다.

조용한 가운데 수업이 진행되고 있는 우리 교실에 벌이 날아들어 왔다. 벌 한 마리 때문에 조용하던 교실은 온통 수라장이 되어버렸다. 나는 벌을 쫓으려고 막대기를 휘둘렀고 아이들은 벌에 쏘일까봐 책상 밑으로 기어 들어가고 야단법석일 때 한 아이가 벌떡 일어나서 말했다.

"선생님 벌을 쫓아달라고 하나님께 기도해요."

그래서 우리 반 아이들은 모두 기도했다.

"하나님 우리 공부해야 해요. 공부를 방해하는 벌 좀 내쫓아주세요. 예수 그리스도의 이름으로 기도합니다. 아멘."

우렁찬 아멘 소리에 놀랐는지 열린 창문으로 벌이 쏘옥 빠져 나갔다. 아이들은 벌을 쫓아주신 하나님께 "할렐루야!" 하고 외치며 손을 흔들었다.

어른들은 기도를 했으면서도 '우연히 벌이 나갔겠지!' 하고 생각한다. 그러나 아이들은 우리의 기도를 들으신 하나님이 벌을 쫓아주셨다고 믿고 감사했다. 하나님은 이러한 아이의 순수한 믿음을 기뻐하시고 그들에게 '순수하신 하나님'을 나타내신다.

세상은 이러한 아이의 순수함을 파괴시키고 점점 복잡하고 영악한 아이들을 만들어간다.

종종 전화로 맏아들이 영 마음에 안 든다고 하소연을 하는 친구가 있었다. 자기 것 챙길 줄 모르고, 남 좋은 일만 하고 다니고, 놀기 좋아하고 공부는 못한다는 5학년생이었다. 그런데 비해 3학년인 둘째 아들은 반장만 하고, 딱 부러지게 말도 잘하고, 따지기도 잘하고, 정말 영리해 마음에 쏙 든다는 거였다. 그런데 어느 날 그 친구가 "기가 막혀 죽겠어" 하면서 전화로 이런 이야기를 했다.

모처럼 두 아들을 데리고 백화점 나들이를 했는데 보석상 앞에서 그녀는 보석을 신기한 듯 바라보고 있는 두 아들에게, "얘들아, 너희들 커서 저런 보석 엄마 좀 사줄래?" 하고 물었다.

그러자 큰 아들은, "엄마 내가 커서 꼭 저런 보석 엄마 사줄게. 더 좋은 것도 사줄게"라고 대답했는데 평소 그녀가 사랑하던 둘째 아들은 뜻밖에도 입을 꼭 다물고 있는 거였다. 이상하게 여긴 그녀는 둘째 아들에게 다시 물었다.

"너는? 너도 사줄 거지?"

둘째 아들은 선뜻 대답을 하지 않고 망설이더니 하는 말이, "엄마 내가 크면 나도 색시가 있을 게 아니야. 그러면 색시 사줘야 하잖아" 했다는 것이다.

집으로 돌아오는 버스 안에서 노인이 타도 못 본 척 밖만 내다보는 둘째 아들이 얄밉고, 벌떡 일어나서 남에게 자리를 내주고 손잡이에 매달려 흔들거리는 바보 같은 첫째 아들이 난생 처음으로 대견하게 보이더라는 이야기였다.

예수님께서는 단순한 사람을 좋아하신다. 자신의 신분이나 외모의 열등감도 잊고 오직 예수님을 보고 싶다는 마음에서 뽕나무로 기어 올라가 예수님을 만나고 너무나 좋아서 자신의 재산 절반을 가난한 사람에게 선뜻 내어놓은 삭개오를 사랑하시고, 향유 한 옥합을 아낌없이 예수님의 발에 부은 마리아를 사랑하신다. 마리아의 행동을 보고 '왜 낭비하느냐, 가난한 자에게 줄 수 있을 텐데' 하는 제자들의 복잡성을 싫어하신다(마 26:6-13).

예수님과 가까이 지내려면 단순해져야 한다. 준비하는 일이 많아 분주했던 마르다보다 예수님의 무릎 아래 앉아 말씀을 듣는 마리아가 사랑을 받았고(눅 10:40-42), 영생을 묻는 부자 청년의 복잡한 사고는 결국 근심하여 돌아가게 했다(마 19:16-22).

돌팔매 다섯 개를 빙빙 돌리며 골리앗과 맞선 어린 다윗의 단순함을 그 형들은 비웃었고 사울은 무거운 갑옷을 입히려 했지만, 하나님이 나와 함께하신다는 단순한 믿음이 소년 다윗을 이기게 했다.

후에 그가 왕이 된 후에도 그는 뭇 백성들의 눈에도 아랑곳없이 여호와의 언약궤 앞에서 옷을 훌훌 벗어버리고 춤을 춘다. 그리고 체면과 가식의 수치스러운 생각으로 복잡하여 '왕이 저럴 수가' 하던 미갈은 오히려 저주를 받는다.

성경 속의 단순한 사람들에게는 그들을 비웃는 복잡한 사고의 사람들이 옆에 늘 있었음을 유의해볼 일이다. 그러한 태도가 교육의 방해 요소이기 때문이다. 예수님께서 어루만져주시고 축복해주실 것을 믿으며 예수님께 달려든 아이들의 그 단순함을 하나님은 사랑하신다. 하나님은 단순히 믿는 아이들과 즐겨 생활하시며, 그러한 아이들 속에서 '살아계신 참 좋으신 하나님'으로 나타나시기를 기뻐하신다.

하나님을 생각하는 상상력

성경 말씀에 대한 깨달음이야말로 우리의 상상력을 요구한다. 우리는 성경을 통하여 하나님의 얼굴을 뵈어야 하고, 말씀을 들어야 하고, 그분의 마음을 알아야 한다. 그러므로 부모는 자녀들에게 상상력을 격려해주어야 한다.

성경 이야기를 상상하게 하라

하나님께 불순종하고 배 밑층에 내려가 배짱 좋게 잠을 자고 있는 요나를 큰 물고기 뱃속에 넣으신 이야기나, 태양이 기브온 위에 달이 아얄론 골짜기에 머문 동안 싸웠던 여호수아의 이야기, 죽은 자를 살리시고 바다 물결 위를 걸으신 예수님의 이야기 등 아이들은 성경을 읽고 들으며 시간과 공간을 초월하여 역사하시는 하나님의 임재를 생각할 수 있다.

또한 하나님은 성경에 나타난 상징적인 말을 통해 하나님의 백성을 가르치시는 것을 볼 수 있다. 특히 선지자들을 가르치시고 그들에게 하나님의 백성을 가르치게 하실 때 상징적인 것들을 통해 가르치시는 일이 종종 있다.

특히 삶 전체로 설교하던 눈물의 선지자 예레미야의 경우에 그런 일이 많았다. 예레미야 13장에 보면 하나님은 예레미야에게 베띠를 사서 허리에 띠다가 그것을 바위틈에 감추게 하시고 그 베띠가 썩자 그 베띠를 통해 하나님의 백성 이스라엘의 교만을 썩게 하실 것을 가르치신다.

18장에서는 이스라엘 백성이 회개하고 돌아오면 토기장이의 손에서 쓸데없이 되었더라도 토기장이신 하나님은 다시 빚어 당신의 영광스러운 그릇으로 만들 수 있으시다는 절대주권의 진리를 토기장이와 진흙을 이용하여 상상토록 하셨고(렘 18:1-8), 오지병을 깨뜨리며 이스라엘의 우상숭배에서 돌이키지 않으면 오지병이 깨지듯 돌이킬 수 없는 심판이 있음을 경고한다(렘 19:1-11). 이스라엘 백성들은 깨어진 오지병을 보면서 이스라엘 나라가, 백성이, 개인이 무참히 부서질 것을 상상할 수 있어야 했다.

예레미야의 독신생활(렘 16:1-9)이나 아나돗의 밭(렘 32:6-44) 등의 상징으로도 하나님은 안타깝게 자신의 마음을 드러내시기 위해 이스라엘 백성의 상상력에 호소하셨던 것이다.

성경 말씀에 대한 깨달음이야말로 우리의 상상력을 요구한다. 우리는 성경을 통하여 하나님의 얼굴을 뵈어야 하고, 말씀을 들어야 하고, 그분의 마음을 알아야 한다. 그러므로 부모는 자녀들에게 상상력을 격려해주어야 한다.

상상이 현실로 나타나는 것이 믿음이라고 하면서도 상상력 신장에 힘을 쏟지 않는 것은 잘못이다. 성경은 논리적이고 분석적으로 읽기보다 오히려 상상에 의존한다. 물 위를 걸으시는 예수님을, 죽은 나사로가 벌떡 일어나서 무덤에서 걸어 나오는 것을, 앉은뱅이가 벌떡 일어나는 것을 아이들은 순순히 받아들인다. 그러므로 부모는 성경에서 배운 것을 느끼고 상상할 수 있도록 도와주며 그들의 상상을 표현할 기회를 주어야 한다. 상상을 생생한 말과 행동으로 그려낼 수 있도록 말이다.

나의 반 아이들은 성경 속의 이야기를 가지고 분단별로 연출해보는 기회를 갖곤 했다. 성경 이야기 중 하나를 택해 하나님도 되어 보고, 모세도 되어 보고, 가룟 유다도 되어 보고, 막달라 마리아도 되어 보고, 사자도 되어 보곤 했다.

고학년 아이들의 경우엔 성경을 읽고 또 읽으며 내용을 파악하게 했고 저학년은 하늘나라를 상상해서 그리거나 삭개오가 나무 위로 기어오르는 그림을 그려서 발표하곤 했다.

가정 안에서 상상력을 훈련하는 방법 아이가 가진 풍성한 하늘의 성품 중 하나가 상상력이다. 코끼리가 귀를 펄럭이며 하늘을 날고, 파란색 고양이가 바다에서 튀어나왔다고 해도 아이들은 놀라지 않는다. 아이들의 상상 속에서는 얼마든지 있을 수 있는 일이다.

나의 동화 중 《초록빛 코끼리》에 나오는 아이가 말을 하지 않게 된 것은 유치원에 다닐 때 초록빛 코끼리를 타고 싶다고 했을 때 그 어머니가 가계부를 적으면서 짜증스럽게 "쓸데없는 소리 말고 잠이나 자"라고 했기 때문이다.

상황은 다르지만 이 이야기는 사실 내가 담임했던 한 아이를 모델로 했던 것이다. 그 아이의 뛰어난 상상력은 부모에게 단지 쓸데없는 것으로 보일 뿐이었다.

요즘 부모들은 아름다운 상상으로 하늘을 나는 아이보다 책상 앞에 앉아서 영어 단어를 외우는 아이를 좋아하고 그런 부모의 요구에 따라 아이들은 길들여져간다. 크리스천 부모들까지도 하늘의 별을 보고 바글바글 불어날 자손을 꿈꾸는 아브라함을 신화적인 인물로 만들어가고 있다.

어른들은 말로는 "너는 하나님의 아들이다", "하늘나라 왕자님이다"라고 가르치면서도 아이가 번쩍이는 왕관을 쓰고 금길을 걷는 상상을 이야기라도 하면 윽박지른다. "시간 아깝다. 공부나 해라", "멍청한 생각이나 하고 큰일이다"라고 한다. 마치 요셉이 꿈꾼 이야기를 했을 때 그 아버지 야곱이 꾸짖은 것처럼 말이다(창 37:10).

나는 어렸을 때 아버지로부터 늘 '우리 공주님, 우리 공주님' 하는 소리를 듣고 자랐다. 날마다 듣는 공주라는 소리가 아름다운 공주의 꿈을 꾸게 하여 같은 반 친구들의 공책에 공주의 모습을 그려주느라 공부도 못할 지경이었다. 후에 내가 예수 그리스도를 영접하고 하늘

나라 공주라는 말을 들었을 때 기쁘게 받아들일 수 있었음은 어려서
부터 상상 속의 공주였기 때문이었다. 나의 아버지께서 농담 삼아 하
신 말이었더라도 그건 대단한 예언이었다.

가정에서의 상상을 실제화시킬 시간을 확보해서 들로 나가 자연 속
에서 하나님의 손길을 상상하게도 해보고, 바다를 보며 풍랑을 잠재
우시는 예수님 역할을 즉흥적으로 할 수 있는 분위기도 만들어줄 수
있을 것이다.

부모의 가장 큰 역할 중 하나는 배움과 깨달음의 분위기를 연출하
는 뛰어난 연출자가 되는 것이다. 답답한 아파트에 갇혀서 아이들을
키우는 몇몇 부모들이 어느 날 멋진 생각을 했다. 자녀들을 위해 아파
트 옥상 위에 텐트와 멍석을 깔아주고 마음껏 여름철 밤하늘을 보게
했다는 것이다. 그날 밤 아이들은 텐트 속에서 어떤 꿈을 꾸었을까?

정감 어린 목소리로 부모가 들려주는 동화로 아이들의 상상에 날개
를 돋게 해주고, 아이들의 상상한 내용에 귀 기울여 들어주는 일 등은
매우 중요하다. 그것이 거짓말 같은 이야기일지라도, 헛된 시간을 보
내는 일 같아도 인내하며 들어주는 일이 필요하다.

교육의 장에서 이웃을 동원하는 일이나 특히 노인들을 참여시키는
일은 여러 가지 유익이 있다. 노인들에게 가장 필요한 것은 누군가 이
야기를 들어줄 상대가 있는 것이고 아이들에게 필요한 것은 이야기를
해줄 사람인 것이다. 노인들의 과거의 이야기는 또 다른 상상으로 아
이들을 부추길 것이다.

아이들의 상상력은 사실 놀랍도록 신축성을 보여서 오히려 어른들이 아이의 설명을 들어야 하는 경우가 많고 어른들이 갖고 있는 편협한 사고의 틀을 벗길 수도 있는 신선한 충격이 되기도 한다.

별 의미 없이 아이가 마구 그어놓은 선을 보며 그것이 무엇이냐고 물으면 그것도 모르느냐는 듯한 얼굴로 열심히 설명하곤 하는데 무의미하게 보이는 선이 무지개도 되고 비행기가 되기도 한다.

나는 저학년 아이들을 담임하면 커다란 사각형을 칠판 가득하게 그려놓고, "하늘나라에서 온 선물 상자예요. 무엇이 들어 있을까? 그려보세요"라고 한다. 그러면 아이들은 놀라운 것들로 그 상자를 채워나간다. 어느 날에는 동그라미를, 어느 날에는 세모를, 갖가지 모양을 그려놓으면 상상해서 채우는 것이 우리 반의 '아침 자습' 시간이다.

3,4학년쯤 되면 낱말 하나를 제시한다. 그 낱말을 들은 아이는 그 낱말에서 연상되는 것들을 다음과 같이 이어나간다.

"모세-지팡이-십계명-하나님-떨기나무."

고학년은 동화를 지어 친구들에게 들려주게 하기도 한다.

요즈음 학교나 교회에서 시청각 자료를 많이 사용한다. 그러나 교회학교에서 흔히 사용하는 그림 자료는 자칫 잘못하면 아이들의 상상의 폭을 제한시킬 수도 있다. 천국에 대한 그림을 보여준다면 아이의 천국은 그 그림만큼의 분량이 될 수도 있기 때문이다. 사물에 대해 지나친 설명도 유의해볼 일이다. 오히려 간단한 말로 설명할 때 적당한 자극이 상상력을 개발시키는 데 효과적일 수 있다.

우주의 신비와 신의 섭리와 역사의 운행에 대한 지식은 작은 아이의 상상력 속에서 시작된다. 유대인들의 어릴 때부터 '보이지 않는 하나님'에 대한 생각이 습관처럼 되어 있기 때문에 추상 능력이 뛰어나다고 한다.

예수님께서 비유를 쓰심은 부패한 인간의 안목을 돕기 위해서가 아니라 오히려 천국의 비밀을 감추시기 위해서인 양 말씀하셨다. "제자들이 이 비유의 뜻을 물으니 가라사대 하나님 나라의 비밀을 아는 것이 너희에게는 허락되었으나 다른 사람에게는 비유로 하나니 이는 저희로 보아도 보지 못하고 들어도 깨닫지 못하게 하려 함이니라"(눅 8:9,10)라는 말씀을 해석하기라도 하는 양 "내 살은 참된 양식이요 내 피는 참된 음료로다"(요 6:55) 하신 말씀을 듣고 많은 제자들은 "이 말씀은 어렵도다 누가 들을 수 있느냐"(요 6:60)라고 하며 많은 제자들이 예수님을 떠나갔다(요 6:66).

스스로 쌓아 올린 것에 대한 편견과 판단의 벽을 허물지 않고는 보이는 것을 초월할 수 없다. 인간의 지혜로는 하늘의 비유야말로 도무지 이해가 안 되는 어려운 것일 수밖에 없다. 따라서 우리 아이들의 상상력이 하나님나라의 비밀을 아는 일에 사용되게 해달라는 기도가 있어야 할 것이다. 그리하면 하나님께서 기도하는 부모에게 먼저 놀라운 상상력을 믿음으로 주실 것이다. 무엇보다 내 자녀가 하나님의 귀한 일꾼으로 쓰임받을 장래를 상상케 하실 것이다.

형통하게 하는 순종

크리스천 자녀교육에서의 독립은 하나님께의 의존이다. 하나님의 형상대로 지음 받은 인간은 무질서와 불순종을 스스로 괴로워한다. 그러므로 아이들로 하여금 순종할 때의 참 기쁨을 맛보게 교육할 책임이 어른들에게 있다.

하나님을 의지하면 독립적인 아이가 된다

현대 교육은 아이의 독립심을 주장한다. 아이 스스로 삶을 개척하도록 교육해야 한다고 말이다. 그러나 인간은 홀로 서도록 창조되지 않았다. 인간은 하나님께 예속되어 있다.

성경은 인간의 홀로서기를 인정하지 않는다. 아버지로부터의 탈출을 꿈꾸고 독립을 선언했던 탕자는 홀로서기에 실패했을 뿐만 아니라 타인과의 관계나 자연과의 관계에 실패하고 만다. 그는 스스로 다시 아버지께 예속되기를 원한다.

아버지를 떠나 있으면 온전한 자아가 성취될 것 같았고, 이웃과 화목할 것 같았고, 자연을 다스릴 것 같았지만 그 중심의 관계가 파괴되었을 때 그는 갈등하게 되고, 남에게 빌붙어 살며 돼지를 치게 됨으로 또 다른 종속관계에 사로잡히게 되었다(눅 15:11-32).

결국 아들은 다시 아버지에게 의존하는 관계로서 자기 위치를 찾는다. 아이들의 하늘나라에 대한 민감성은 인간은 누군가를 의지하지 않으면 안 된다는 것을 감각적으로 인식한다.

아이의 첫 의뢰의 대상은 부모이다. 아이는 부모에게 전적으로 의존한다. 부모의 사랑을 의지할 때 본능적인 두려움에서 해방되고 평안을 누린다. 하나님은 자신의 자녀를 부모에게 의탁하셨다. 부모는 '사랑' 을 선물로 받아 그 자녀에게 기꺼이 의지가 되어 준다.

아이들은 아주 작은 일에도 자신의 연약성을 드러내고 사랑을 한없이 갈구한다. 자신의 연약성을 부끄러워하거나 사랑받기를 쑥스러워하지 않는다. 아이들은 작은 어깨를 어른들 가슴에 마냥 기대려 한다.

세상 교육은 독립심을 핑계삼아 아이들을 고독하게 한다. 인간의 본질이 의존적인 존재임을 모르고 홀로 서게 하는 것이다.

그러나 크리스천 자녀교육에서의 독립심은 그 본질이 다르다. 크리스천 자녀교육에서의 독립은 하나님께의 의존이다. 크리스천 부모의 가장 큰 사명은 아이들을 하나님께로 이끌어가는 것이다. 한나가 어린 사무엘을 하나님 전에 떼어놓고 왔을 때 사무엘은 하나님과 함께하면서 참된 독립을 하게 된다.

그러므로 부모는 자녀를 자신의 치마폭 속에 자꾸 감싸는 것이 아니라 하나님께로 자녀의 등을 밀어야 한다.

요즘 부모들은 자식의 독립을 두려워한다. 자식이 자기의 품속에서 빠져나갈까봐 두려워 징계도 못하고, 아이가 자라서 독립을 주장할 때 허탈감에 빠져 자기의 실존까지도 흔들린다. 이는 부모와 자식 간의 관계가 바르게 정립되어 있지 못하기 때문이다.

한 랍비의 아내가 사랑하는 쌍둥이 형제 중 하나를 잃게 되었다. 아내는 집을 나갔던 남편이 돌아와 아들의 죽음을 슬퍼할 것을 알고 집 밖에서 남편을 기다렸다. 그녀는 남편에게 이런 질문을 했다.

"만일 어떤 사람이 우리에게 보석을 두 개 맡겼는데 그중 한 개를 다시 내어놓으라고 하면 어떻게 하시겠어요?"

"그야 주인에게 돌려줘야지."

이러한 부모의 독립된 자세만이 독립된 자녀를 기를 수 있다. 부모가 자녀를 오직 하나님께 의존하도록 하지 못하고 자식에 대해 집착할 때 하나님은 그 자녀를 부모로부터 떼어내 훈련시키신다.

리브가는 에서가 이방 여인과 결혼함으로 큰아들에게 실망한다. 대신 작은 아들 야곱에게 집착한다. 리브가는 야곱만큼은 자신의 뜻대로 키우고 싶었던 것이다. 그러나 하나님은 야곱을 리브가의 치마폭에서 떼어내 돌베개를 베고 자는 그에게 나타나시고 그 삶이 전적으로 하나님만 의뢰하도록 하신다. 요셉의 경우 역시 아버지 야곱의 편애에서 떼어내시고 애굽으로 보내 훈련시키신다.

성경 속에서 독립된 모습으로 자라는 아이의 모습을 소년 다윗에게서 볼 수 있다. 사무엘이 하나님의 명령으로 이새의 집을 찾았을 때 다 윗의 형들 일곱은 모두 이새와 함께 있었으나 막내인 다윗은 홀로 양 을 지키고 있었다(삼상 16:6-13).

다윗은 푸른 초장에서 양을 치며 수금으로 하나님을 찬양하고 하나 님과 대화를 나누었을 것이다. 하나님이 자신의 목자되심을 믿고 그 는 양에게 달려드는 사자나 곰을 쳐 죽였다(삼상 17:33-36).

어린 다윗은 하나님을 의뢰하는 법을 배우며 내가 하나님의 집에 영원히 거하겠다는(시 23:6) 고백을 한다. 하나님의 집에 거하며 하나님 과 함께 살기로 작정한 다윗은 하나님이 힘의 근원이심을 안다. 그래 서 그의 삶은 평화롭고 용맹스럽다. 블레셋의 장수 골리앗과 맞설 때 도 그는 만군의 여호와의 이름으로 나가 상대의 목을 벤다. 하나님께 의탁된 자는 삶을 용기 있게 개척해나간다.

바쁜 시대를 사는 지금의 아이들은 왠지 불안해하고 안정감이 없 다. 그러므로 조용히 홀로 앉아 있을 시간을 준비해주는 것도 좋다. 조 용한 들판의 다윗처럼 묵상의 시간을 의도적으로 마련해주는 것이다.

한 달에 한 번 정도 고요한 밤, 촛불 주위에 식구들이 둘러앉아 하나 님 말씀을 듣고 묵상하며 찬송을 들으며 주님을 생각하는 시간을 갖 고 주님의 음성을 듣는 침묵의 시간을 가져보는 것이다.

자녀가 어려운 일을 고백해 올 때면 우선 함께 기도하고 문제의 답 을 성경에서 함께 찾아보는 것도 중요하다. 이때 부모는 동역자들에 게 성경에 대한 지식이나 교육 방법, 분위기 조성 등을 배우는 기회로 삼고 자녀와 함께 그 문제의 해결책을 찾아야 한다. 그 과정에서 부모의 언어의 주체는 늘 하나님이 되어야 한다.

"그 문제를 하나님께 여쭤보렴."

"우리 함께 하나님께 기도해보자."

"하나님께서는 성경에서 이렇게 말씀하셨단다."

"하나님은 이렇게 우리를 가르치시는구나."

"하나님께서 나의 기도를 이렇게 들어주셨단다."

"그 문제를 하나님께서 해결해주셨으니 고맙구나. 감사드리자."

"하나님이 우리와 함께하신단다."

무슨 일을 시작할 때나 선택의 갈등이 있을 때에도, "우선 하나님의 뜻에 맞을까 생각해보자" 하며 가정에 늘 하나님의 자리를 내어놓는 것이다. 그러나 하나님을 간섭하는 자라고 생각하게 하는 역효과를 내서는 안 된다.

하나님을 우리의 문제를 해결해주시는 좋은 분으로 알게 하려면 먼저 부모나 교사의 언어가 애정어린 분위기를 담고 있어야 한다. 그러므로 아이가 부모나 교사가 자신의 문제에 대해 무성의한 것처럼 느끼게 해서도 안 된다. 함께 기도하며 격려해주는 일에 온 정성을 쏟아야 한다. 하나님께 의뢰하도록 교육된 자만이 다윗과 같은 고백을 할 수 있다.

온 땅으로 이스라엘에 하나님이 계신 줄 알게 하겠고 또 여호와의

구원하심이 칼과 창에 있지 아니함을 이 무리로 알게 하리라 전쟁
은 여호와께 속한 것인즉 그가 너희를 우리 손에 붙이시리라

삼상 17:46,47

이런 고백을 하는 자만이 하나님의 영광을 드러낼 것이고 삶의 모
든 문제를 담대하게 승리로 이끌어갈 것이다.

부모 또한 자녀 앞에서 부족한 것을 숨기려 해서는 안 된다. 부모도
어려움이 있음을 자녀들에게 알리고 기도를 청할 때 그들의 자녀는
하나님만이 전능자이심을 알게 될 것이다.

지니 핸드릭스는 "자녀를 독립시키는 것이 하나님을 의지하도록
만든다"라고 했다. 그러나 나는 이 말을 이렇게 바꾸어 말하고 싶다.

"하나님을 의지하도록 만드는 것이 자녀를 독립시키는 것이다."

어려서부터 순종을 훈련하라

순종을 타고난 성품으로만 여겨서는
안 된다. 성품은 훈련으로 변화될 수 있는 것이라는 전제하에 순종심
이 교육되는 것이다. 훈련은 아이에게 이것을 왜 해야 하는지 일러주
고 그것을 어떻게 행하는 것인지를 가르쳐주고 실천에 옮겨져 습관이
되도록 돌봐주는 것이다.

인간은 선을 지향하려는 의지와 함께 반대로 악을 지향하려는 의지
도 갖고 있다. 어려서부터 순종을 가르치지 않으면 그 범위만큼의 불

순종적인 행동을 하는 것이 인간이다. 왜냐하면 인간은 무엇인가 행동하려는 의지를 갖고 있기 때문이다.

아이는 부모의 손에 이끌려가는 것을 기쁘게 받아들인다. 우리는 자칫 아이들이 교육 받기를 싫어하는 것으로 오해할 때가 많다. 그러나 그런 생각은 잘못이다. 아이들은 누군가 자기의 손을 잡고 좋은 곳으로 데려가주기를 원한다.

다른 어떤 면의 교육보다도 순종에 대한 교육은 치료 쪽이 아닌 예방 쪽의 교육이며, 아주 어릴 때부터 길러져야 한다. 그런데 많은 부모들이 잘못 길들여진 버릇을 고치는 일에 주력하거나 교육을 잔소리하는 것으로 착각하는 경우가 있다.

나는 자녀들이 말을 안 듣는다고 한탄하는 부모들에게서 공통점을 발견할 수 있었다. 그들은 교육에 대해 무언가 오해를 하고 있는 것이다. 그들은 늘 이렇게 말한다.

"스스로 하게 하려고 내버려둔다."

그러나 분명히 알아두어야 할 것은 스스로 할 연령이 되기 이전에 부모가 가르쳐야 할 시기가 있다는 것이다. 어릴수록 부모가 바른 판단을 내려줘야 하고, 바른 행동 양식을 가르쳐주어야 한다.

그러한 과정을 거쳐야만 아이는 배운 것을 가지고 스스로 할 수 있는 것이다. 스스로 하게 한다는 핑계를 대며 교육에 힘을 쏟지 않는 부모들은 자녀들에게 '해라'와 '했니?'로 교육을 다한 것처럼 생각한다.

"숙제해라", "다 했니?", "일기 써라", "다 했니?" 이런 말보다는 왜 그것을 해야 하는지 먼저 알게 하고, 옆에서 도와주고, 다 했을 때 점검해주고 칭찬해주어야 한다. 그렇지 않고 '해라'와 '했니?'를 반복하는 것은 명령과 잔소리일 뿐이다. 많은 부모들이 바른 행동 양식을 자녀에게 가르쳐주지도 않고 잘못된 행동을 했을 때 왜 그런 일을 했느냐고 눈을 부릅뜬다.

매스컴의 영향으로 말을 잘 하는 아이가 늘고 있다. 이에 따라 부모들은 또 다른 착각에 빠지는데 가르치지 않아도 아이가 스스로 습득해서 알려니 하는 것이다.

학교에서도 말을 잘하고 영리해보이는 아이가 가장 기본적인 예절에 대해 모르는 경우가 많다. 어른들의 이야기를 가로막거나 어른들 앞을 가로질러 가는 일을 예사로 한다.

자녀교육은 아주 세심한 부분에서부터 시작된다. 어떤 사람은 교육은 섬세한 조각을 하는 것과 같다고 했다. 아이는 영, 혼, 육이 골고루 성장해야 한다. 성장하는 시기에 따라 무엇을 가르쳐야 할 것인가에 대해 세심한 관찰이 필요하며, 그 시기를 놓치지 말고 가르쳐야 한다.

순종에서 오는 안정감을 맛보게 하라

순종은 영적 생활의 기본이다. 부모는 꼭 순종을 가르쳐야 한다. 불만에 쌓인 아이일수록 부모에게 순종하지 않는데 이는 불순종하고 있는 자신이 영적인 충족감을 느끼고 있지 못하기 때문이다.

첫 사람 아담이 불순종했을 때 죄와 함께 모든 부정적인 정서가 들어왔다. 하나님께 순종하는 인간만이 참 영혼의 만족을 느낄 수 있다. 그러므로 순종하도록 가르치는 일은 그 영혼을 억압하는 것 같아 보이나 이는 잘못된 생각이다. 오히려 순종하도록 가르칠 때 인간의 영혼은 행복을 느끼도록 되어 있다.

어느 교사가 놀랍다는 얼굴을 하며 이런 이야기를 하는 것을 들었다. 아이를 늘 사랑하라는 교육을 받은 그 여교사는 그저 아이들에게 자신을 맞추는, 오히려 교사가 아이들에게 순종하는 식으로 학급 아이들을 이끌어나가고 있었다.

그 반의 질서는 말이 아니었다. 그런데 어느 날 좀 더 심한 일이 벌어져 이 여교사는 눈물을 머금고 아이들에게 체벌을 가했고, 왜 이런 일이 있는가를 규명해나갔다고 한다. 그러면서도 자신이 나쁜 교사, 사랑이 없는 교사로 아이들에게 인식되는 것이 두려웠는데 놀랍게도 그날 아이들은 잘못을 빌었고 따뜻한 눈길로 교사를 바라보더라는 것이었다.

이 이야기는 교사의 강압에 의해 아이가 순종했다는 이야기나 체벌을 가해서 버릇을 고쳤다는 이야기가 아니다. 잦은 체벌은 오히려 아이 스스로 나쁜 행동에 대한 대가를 지불했다는 생각을 하게 해 반성을 저해하고 반복된 잘못을 저지르게 하기도 한다.

위의 예는 아이들이 행동의 한계를 정하지 못해 내심 잘못되어가는 자신들의 행동에 불만을 느끼며 교사가 자신들의 행동을 규제하고, 행동 범위를 알려주는 적절한 제지에 만족을 느꼈다는 것이다.

잘못된 행동을 방관하는 것은 교사로서 죄악을 범하는 것이다. 한 영혼이 깊은 만족을 맛보게 하려면 순종하는 길을 가르쳐야 한다.

제임스 돕슨의 책에 '고등학생이나 초등학생이나 모두 엄격한 선생님을 존경하는 것을 보았다. 왜 그럴까?'에 답하는 내용이 이렇게 나와 있다.

첫째, 아주 강압하지 않으면서도 학급을 잘 이끌어가는 교사는 거의 학생들의 사랑을 받는다. 왜냐하면 반 전체가 말을 듣지 않는 경우 아이들은 서로 두려워한다. 특히 말썽꾸러기 아이들을 두려워하는데 교사가 학생들을 움직일 수 없다면 말썽꾸러기를 누가 말려줄 것인가.

둘째, 아이들은 공정한 것을 좋아한다. 누구나 규칙을 범하면 곧 벌을 받기를 바란다. 이런 좋은 규칙을 시행해주는 교사를 좋아하며, 타당성 있는 사회적 규칙에 대해서는 안정을 느낀다. 그러므로 이와 반대로 자기 학급을 잘 다스려나가지 못하는 교사는 아이의 가치관에 있어 아주 기본적인 것을 깨트리고 있는 셈이다.

셋째, 아이들은 혼란을 싫어하기 때문이다. 고함을 지르고 혼란을 빚는 것은 10분 동안은 재미있지만 이 혼란은 금방 싫증이 나고 화를 나게 만든다. 이 혼란을 제어해줄 교사가 그들에게 필요한 것이다.

나는 이 내용이 정확하게 아이들을 파악하고 있다고 본다. 가정에서 불만족하고 짜증을 내며 부모를 업신여기는 아이들을 유심히 살펴보면 그 부모들이 규칙이나 한계를 가르쳐주지 않아서 자신의 행동에 대해 일종의 두려움을 느끼고 있음을 알 수 있다.

아이들은 종종 부모나 교사의 권위를 시험해보는 경우도 있다. 부모의 권위가 자신이 의지할 만큼 꿋꿋한 것인가를 알아보려는 것인데 부모가 어떤 규칙을 정했을 때 '골치가 아프다', '집을 나가고 싶다', '학교에 가기 싫다'라고 위협하는 것이다. 그러나 부모가 그 뜻을 굽히지 않을 때 오히려 부모를 존경하게 된다.

마음이 민감한 자녀들은 권위가 없는 교사나 부모들을 곧 알아보고 불순종을 즐기면서도 내적 갈등에 심한 타격을 받는다.

내가 갓 발령을 받아 군 소재지 학교에 근무하여 3학년을 담임했을 때의 일이다. 옆 반에 6학년 남자 아이들이 있었는데 그 반 아이들의 행동은 걷잡을 수가 없었다. 운동화를 신은 채 책상 위로 뛰며 괴성을 지르는가 하면 담배를 피우면서 그 반 아이들을 휘어잡고 있었다. 그런데도 담임교사는 방관하는 상태였고, 다른 교사들 역시 그 아이들의 사나움을 모른 척했다.

나는 어느 날 쉬는 시간에 그 교실로 들어갔다. 아이들은 책상을 엎어놓고 뛰며 교단 앞에 선 나에게 시선조차 주지 않았다. 나는 제자리에 앉으라고 소리 지르며 교실 중앙을 걸어서 청소함 옆에 세워진 긴장대 걸레에서 장대를 쑥 뽑아들고 앞으로 나갔다. 순간 아이들이 어리둥절한 얼굴로 나를 바라보더니 슬금슬금 제자리로 가서 앉았다.

아이들은 금방 쥐죽은 듯 했다.

나는 아이들의 눈동자를 하나하나 정면으로 맞추면서 이런 일을 해서 유익한 것이 무엇이냐, 6학년의 위치는 어떠해야 하느냐에 대해 간결하게 이야기를 했다. 그런 후 그 반 대장격인 키가 크고 도내 육상선수였던 아이를 우리 반으로 불러 그 아이와 친구가 되었다. 그 아이는 책임감을 갖고 나의 기대에 기꺼이 응해주었다.

그 후 청소라고는 모르던 아이들이 자기 반 청소는 물론 우리 반 청소까지 해 주었고 얌전하게 변했다.

하나님의 형상대로 지음 받은 인간은 무질서와 불순종을 스스로 괴로워한다. 그러므로 아이들로 하여금 순종할 때의 참 기쁨을 맛보게 교육할 책임이 어른들에게 있다.

순종은 하나님과의 관계의 초점이며, 사랑의 표현이다. 타고난 죄된 본성이 아이의 마음속에서 활동하고 있을지라도 본래 심히 좋은 존재로 지어졌고, 그리스도와의 관계가 아이들 안에 숨겨져 있으므로 자신이 불순종할 때 아이는 욕구불만을 경험하게 되는 것이다.

특히 크리스천의 자녀들은 불순종할 때 예수 그리스도와의 관계가 평형을 잃기 때문에 더 큰 갈등을 겪게 된다. 순종하는 아이로 키우려면 하나님께서 주신 부모의 권위를 부모 자신이 인정하고 감사하여 하늘의 권위로 자녀를 가르쳐야 한다.

아이들 앞에서 겁을 먹는 부모들이 점점 늘고 있다. 그것은 하나님이 주신 부모로서의 권위를 제대로 사용할 줄 모르며 부모 자신이 순종에 대해 가르칠 기술이 부족하고 교육에 자신이 없어서이다. 또는 자신이 자녀 앞에서 늘 존경과 사랑을 받아야겠다는 압박감을 갖고 있을 때 일어나는 부작용이다.

그런 부모의 태도를 냉정히 살펴보면 우리나라의 부모와 자녀와의 관계에 대한 전통적인 인식인, 부모가 나이가 많으면 자녀에게 부양을 받아야 한다는 두려움 때문임을 알 수 있다. 유대인들은 부모로서의 책임을 자신있게 감당한다. 이런 당당함은 '부모는 줄 뿐이고, 자녀는 받을 뿐'이라는 사고에서 비롯되었는지도 모른다. 크리스천 부모들도 '나에게 받은 사랑을 남에게 주어라'는 초연한 태도여야 할 것이다.

순종의 이유를 알려주라 ▌

행동의 규범을 주기 전에 '왜'를 가르쳐야 한다. '왜 해야 하는가?', '왜 하지 말아야 하는가?'를 나이에 맞게 납득이 가도록 먼저 가르쳐야 한다. 행동 수정은 그 후의 일이다. 하나님께서 자녀들에게 이런 명령을 내리셨다.

자녀들아 모든 일에 부모에게 순종하라 이는 주 안에서 기쁘게 하는 것이니라 골 3:20

아이들은 하나님께 순종하는 법을 부모에게 순종하는 데서부터 배운다. 그리고 이 말씀이 우리에게 시사하는 것은 행동에 대한 결정자는 부모라는 것이다. 판단이나 결정의 책임은 부모에게 있고, 자녀는 순종해야 한다. 그러므로 부모는 권위를 가지고 자녀에게 명령을 내릴 수 있어야 한다.

유대인 부모들은 부모와 자식 간에 뚜렷한 경계선을 그어 어른의 물건을 함부로 만지는 일이나 어른처럼 행동하려는 일을 금한다고 한다. 이렇게 어른과 아이들이 서로 다른 세계에 살고 있다는 것을 아이에게 인식시킴으로 아이들이 어른 세계에 들어오지 못하게 하며 그것으로 부모의 권한에 대한 책임과 가정의 질서를 유지시킨다고 한다.

부모는 권위를 갖고 행동규범을 확실히 가르치고, 약속을 어겼을 때는 징계를 받아야 함을 알려야 한다. '나는 너를 사랑하지만 하나님의 자녀인 너를 잘 양육해야 할 의무가 있다'는 것을 분명히 해야 한다. 자녀가 당황하지 않도록 행동규범을 먼저 가르쳐야 한다.

많은 가정에 가르침이 결여되어 있는 것을 볼 수 있다. 먼저 가르치지 않고 이미 잘못을 저지르고 난 후의 잔소리는 아무런 효과도 없을 뿐더러 오히려 무책임하고 무기력한 부모로 자녀들에게 비추일 뿐이다.

아이가 무심코 저지른 일에 대해 질책을 할 때 간혹 당황스런 얼굴로 부모를 바라 볼 때가 있다. 아이는 그 일이 잘하는 것인지 못하는 것인지 가르침을 받지 않았으므로 나름대로 판단하고 한 일인데 어른들은 가혹하게 질책한다.

이런 일을 저지르는 부모야말로, "아비들아 너희 자녀를 격노케 말지니 낙심할까 함이라"(골 3:21)라는 성경의 가르침에 마음이 찔려야 할 것이다.

때로 부모의 판단이 틀린 경우도 있다. 그럴 때면 판단을 수정하고 자녀 앞에 용서를 비는 것을 두려워해서는 안 된다.

"미안하구나. 엄마가 이런 점을 잘못했어. 용서해주겠니?"

그럴 때 아이의 천진스러움은 오히려 부모에게 더욱 친밀감을 느끼며 자신의 행동까지도 올바로 교정한다.

부모는 한 번 세운 규칙에 대해서 일관된 행동을 해야 한다. 부모와 자녀가 어떤 행동에 대해 서로 약속해놓고 부모가 먼저 어겨서는 안 된다. 가정의 규칙을 정할 때는 식구들이 함께 정하는 것이 좋고, 아이가 그것을 즐겨 이행하도록 '왜 이런 규칙을 세워야 하는가'에 대해 유익을 서로 이야기해보는 것도 좋다.

'옷 벗은 후 정리하기'를 가르쳤으면 그것이 습관화될 때까지 그 일에서 눈을 떼서는 안 된다. 끈기 있게 반복되는 가르침이 있어야만 순종이 습관화되기 때문이다. 부모의 말에 아이는 쉽게 순종하지 않는다.

창세기에서 하나님께서 정해주신 순종의 범위는 극히 적은 것이었다.

여호와 하나님이 그 사람에게 명하여 가라사대 동산 각종 나무의 실과는 네가 임의로 먹되 선악을 알게 하는 나무의 실과는 먹지 말

라 네가 먹는 날에는 정녕 죽으리라 하시니라 창 2:16,17

동산 각종 나무와 선악과의 비율은 과연 얼마나 될까. 하나님이 허락하신 많은 나무 중 단 한 그루의 나무에 대한 금지 명령을 인간이 지키지 못한 것은 선악과를 제외한 모든 것을 주신 하나님의 풍성함은 보지 못하고 허락되지 않은 것에 대한 욕구와 호기심을 가졌기 때문이었다.

순종은 허락된 것에 대한 감사와 허락되지 않은 것에 대한 선하신 이유를 알고 자족하는 마음에서부터 시작된다. 그러므로 늘 허락된 것들을 헤아려 감사하고, 결국은 자신의 유익을 위하여 어떤 규칙을 지켜야 한다는 것을 분명히 가르쳐야 한다.

순종의 본보기인 예수님을 알려주라

하나님께서는 누군가를 지명하시고 순종을 요구하실 때는 먼저 함께하시겠다는 표적을 보여주신다. 순종은 또한 '임마누엘 하나님', '감찰하시는 하나님'을 믿을 때 지켜진다. 다음은 나의 반 아이의 일기이다.

오늘은 D가 오락실에 가자고 했다. 같이 가다가 문득 선생님 말씀이 생각났다. '복 있는 사람은 죄인의 길에 서지 않는다는 것과 사탄은 어떤 모양으로도 접근해온다'는 것이었다. D만 들어가고 나는 들어가지 않았다.

나는 D에게 나오라고 했지만 나오지 않아서 밖에서 쪼그리고 있었다. 어떤 아줌마가 "너 거기 들어가려고 하니?"라고 물어서 나는 "아니예요. 여기 들어간 친구를 기다리고 있는 중이에요. 나는 하나님을 믿어서 이런 곳에 들어가지 않아요"라고 했다.

나는 이 일로 하나님께 영광을 돌렸다. 하나님 말씀이 그 아이의 가슴에서 살아 움직여 임재하시는 것을 볼 수 있었기 때문이다.

부모는 말씀이 아이들의 발에 등불이 되도록 늘 자신의 내면에서 곰삭은 말씀을 아이들에게 먹여야 한다. 아이들이 접하게 되는 환경은 중요하다. 성경구절이나 '기도하는 손'과 같은 성화로 가정의 분위기를 하나님의 집으로 꾸미는 것도 좋을 것이다.

신명기 6장 8,9절의 "너는 또 그것을 네 손목에 매어 기호를 삼으며 네 미간에 붙여 표를 삼고 또 네 집 문설주와 바깥문에 기록할지니라"라는 말씀은 어떻게 해야 말씀이 생활 속에서 생생히 살아 움직일 수 있는가 하는 방법을 우리에게 제시해준다. 그것은 말씀을 몸에 새기는 것으로, 다시 말하면 말씀을 암송토록 하는 것이다. 어른들에 비해 아이들은 암송에 큰 거부반응을 느끼지 않는다. 저학년의 경우 성경 요절을 율동과 함께 가르치면 즐겁게 외운다.

성경구절을 갖고 율동을 창작해보게 하면 기쁨으로 참여한다. 아침마다 식구들이 말씀을 함께 암송하는 것도 좋다. 교육에서 '반복학습'은 중요하다. 말씀을 반복해서 외우는 일은 꼭 필요하다. 그리하여 우리 자녀들의 삶 속에서 문제의 해답이 성경말씀으로 떠오르게 된다면 그것이 바로 성공의 길이다.

신명기 6장 9절의 말씀에서 또 한 가지 배울 점은 말씀을 집에 기록하는 일이다. 집에 무엇인가 표적을 붙인다는 것은 중요하다.

그 피로 양을 먹을 집 문 좌우 설주와 인방에 바르고 출 12:7

물론 상징적인 의미가 있지만 크리스천 가정에 성경구절을 써 붙이는 일은 교육적으로 볼 때 효과적이라고 생각한다.

세 아들이 모두 선원이 된 어느 어머니가 늘 험난한 바닷길을 가는 아들들의 염려에 한숨을 쉬며 '왜 우리 아들들은 모두 선원이 되었을까'를 생각하곤 했는데 어느 날 식탁에 홀로 앉아 무심코 식탁 위에 걸린 그림을 보고 깜짝 놀랐다. 그 그림은 푸르고 아름다운 바다를 힘차게 가르고 나가는 배의 그림이었던 것이다. 그녀의 아들들은 어린 시절부터 그 그림을 보며 바다에 대한 꿈을 키워나갔던 것이다.

야곱이 라반의 집에서 양을 칠 때 새끼를 밴 어미 앞에 나무껍질을 벗겨 흰무늬를 내어 그것을 보고 아롱진 것을 낳게 한 것과 같은 이치이다(창 30:37-39).

"순종이 제사보다 낫고"(삼상 15:22)라는 말씀은 사무엘이 하나님의 말씀에 불순종하는 사울에게 한 말이다.

사무엘이 가로되 왕이 스스로 작게 여길 그 때에 이스라엘 지파의
머리가 되지 아니하셨나이까 삼상 15:17

순종은 겸손함에서 시작된다. '내가 제일이 되어야 한다' 는 요즘의
교육 풍토 속에서 나보다 남을 낮게 여기며 웃어른의 말씀에 겸손히
순종하는 아이를 찾기가 쉽지 않다.

그 예로 많은 젊은이들이 직장 내에서 적응을 못하고 갈등을 느낀
다고 한다. 그들의 상사는 그들대로 요즘 젊은이들의 철저한 이기심
과 순종치 않음을 탓한다. 논리적인 사고를 신장시키는 교육이 선호
를 받고 있는 시대에 성경은 진부하게까지 들려지는 구절이 많다.

고난으로 순종함을 배워서 히 5:8
몸의 사욕을 순종치 말고 롬 6:12
너희 부모를 주 안에서 순종하라 엡 6:1
상전들에게 범사에 순종하여 기쁘게 하고 거스려 말하지 말며 딛 2:9

성경은 상대의 지시가 논리적일 때만 순종하라고 말하지 않는다.
어느 때나 부모와 상전에게 순종을 명령한다. 이러한 순종은 일차적
으로는 진리에 순종함으로(벧전 1:22) 이루어진다.

사람보다 하나님을 순종하는 것이 마땅하니라 행 5:29

하나님께 순종하는 것이 모든 순종의 기준이 된다. 예수 그리스도의 순종은 최선의 것이었다.

> 한 사람의 순종치 아니함으로 많은 사람이 죄인 된 것같이 한 사람
> 의 순종하심으로 많은 사람이 의인이 되리라 롬 5:19

예수 그리스도의 순종은 자신의 목숨을 죄인들을 위해 내어놓으시는 것이었다. 그분의 죽기까지 하신 순종은 하나님과 우리의 관계를 회복시켰다. 그러므로 예수 그리스도 안에서 새로운 피조물로 사는 자녀들은 "너희가 순종하는 자식처럼 이전 알지 못할 때에 좇던 너희 사욕을 본삼지 말고 오직 너희를 부르신 거룩한 자처럼 너희도 모든 행실에 거룩한 자가 되라"(벧전 1:14,15)라는 말씀대로 살아야 한다.

피조물인 인간의 행동 양식은 순종이냐, 불순종이냐의 두 가지이다. 하나님 앞에서 인간은 "예" 또는 "아니오"로 반응할 수 있을 뿐이다. 성경은 우리에게 순종함으로 의의 종이 되든지 불순종함으로 죄의 종이 되든지 둘 중 하나를 선택해야 한다고 가르친다.

> 너희 자신을 종으로 드려 누구에게 순종하든지 그 순종함을 받는
> 자의 종이 되는 줄을 너희가 알지 못하느냐 혹은 죄의 종으로 사망
> 에 이르고 혹은 순종의 종으로 의에 이르느니라 롬 6:16

부모들은 이 진리를 분명히 알고, 먼저 자신을 하나님 앞에 의의 병기로 드려야만 한다. 유난히 아이들이 순종치 않을 때는 분명히 부모나 교사 자신이 하나님의 마음을 상하게 하고 있는 것은 아닌가 살펴봐야 한다. 나는 아이들의 불순종을 꾸짖다가 문득 본인의 불순종이 깨달아져서 먼저 회개하는 일이 종종 있다.

나를 소중히 여기는 마음

자기를 사랑하는 것은 곧 자신의 창조주를 영화롭게 하는 것이다. 우리를 지으시고 '심히 좋다'고 하신 분에게 찬송을 드리는 일이다. 자기를 진정으로 사랑하는 사람이라면 사랑하는 나를 위해 죽으신 예수님을 구주로 영접하고 감사할 수 있다.

자기를 사랑하지 못하는 불행

인간의 불행 중 가장 큰 불행이 무엇일까, 그것은 사랑을 사랑으로 받을 줄 모르는 것이다. 사탄이 하와를 유혹할 때, "먹지 말라 하시더냐"(창 3:1) 하며 하나님의 사랑을 의심하게 한다. 사랑의 의혹은 곧 사탄의 공격을 받게 된다.

너희가 그것을 먹는 날에는 너희 눈이 밝아 하나님과 같이 되어 선악을 알 줄을 하나님이 아심이니라 창 3:5

하나님의 사랑이 이기적이며, 상대적인 것이라고 사탄이 속삭이자 하와는 결국 죄를 저지르게 된다.

죄의 시작은 사랑에 대한 불신으로부터였고, 그 결과 인간은 자신에 대해 수치를 느끼게 되고(창 3:7) 자신을 사랑할 수 없게 된다. 자신을 사랑할 수 없게 된 인간은 하나님 사랑을 피하며(창 3:8) 그 사랑에 대해 허점이 있었노라고 하나님과 타인에게 자신의 죄악을 미룬다(창 3:12).

죄악된 인간은 결코 자신을 사랑할 수 없다. 사랑은 관계성을 갖고 있는데 그 관계가 에덴동산에서 깨져버렸기 때문이다. 창세기 3장에서는 사랑이 파괴되어가는 과정이 묘사되어 있고, 그 회복이 마태복음 26장에 묘사되어 있다. 사랑을 회복시키기 위해 이 땅에 오신 예수 그리스도는 겟세마네 동산에서 하나님의 사랑에 전적으로 의존하는 고백을 드린다.

나의 원대로 마옵시고 아버지의 원대로 하옵소서 마 26:39

여기서 예수님은 '자기애'란 무엇인가를 우리에게 시사하신다. 하나님의 사랑은 어떠한 뜻이라도 다 수용하며 자신을 버리는 것이다.

하나님의 사랑을 믿을 때 자신을 타인에게 내어줄 수 있다. 잠들어 있는 무심한 제자들이나 검과 몽치를 가지고 자신을 잡으러 온 자들이나 그를 판 제자 가룟 유다가 그에게 입을 맞출 때도 예수님은 그들의 죄를 용서하셨다.

그러나 예수님을 부정했던 그들은 결코 자신을 사랑할 수도 용서

할 수도 없었다. 유다는 예수님을 팔아 얻은 은 삼십을 내팽개치고 스스로 목을 매어 죽고, 예수님을 세 번 부인한 베드로는 통곡하며 자책했다.

베드로는 예수님 앞에서 죽을지언정 끝까지 사랑하겠노라고 얼마나 맹세했던가. 그런데 어찌하여 그렇게 허무하게 무너졌던가. 그는 자신의 사랑의 맹세가 얼마나 허무한 것이었던가를 깨닫고 그런 자신을 예수 그리스도의 제자로 용납할 수 없었고, 사랑할 수도 없었다. 뜨거웠던 사랑이 한낱 물거품으로 사라져버렸다고 생각한 베드로는 다시 허탈한 마음을 가지고 어부로 돌아간다. 온갖 상념으로 고기를 잡을 수 없었던 그의 앞에 부활하신 예수님께서 나타나시자 그는 바다로 뛰어내렸다. 그때 그의 심중은 어떠했을까, 자신에 대한 절망과 부끄러움, 당혹감, 반가움, 온갖 감정이 다 엉켜 있었을 것이다.

그때 예수님은 베드로에게 아픈 질문을 하신다. 그것은 힐책이 아니라 상처를 치유하시기 위한 것이었다. 베드로가 받은 사랑의 상처를 감싸주시고 싶으셨던 것이다. 예수님은 "네가 나를 사랑하느냐?"라고 물으셨다. 이에 베드로는 "내가 주를 사랑하는 줄 주께서 아시나이다"라고 대답했다. 베드로의 대답은 자신의 사랑을 예수님의 수용하시는 사랑에 의존하여 대답한다. '네가' 하고 물으실 때 베드로는 예수님을 부인하던 못난 자신이 떠올랐을 것이다. 그럼에도 그는 '내가' 라고 대답하며, "주께서 아시나이다"라고 한다.

그는 못난 자아를 용납하며 예수님을 정말로 사랑했던 또 다른 자아를 부추켰던 것이다. 그리고 정말 사랑했던 때의 자신을 주님께서 아시고 그 부분을 기억해주실 사랑을 믿었던 것이다. 이 과정은 예수님께서 베드로의 파괴되었던 자기애를 예수님 안에서 다시 회복시키시는 장면이다.

> 주여 모든 것을 아시오매 내가 주를 사랑하는 줄을 주께서 아시나이다 요 21:17

근심에 싸인 베드로의 마지막 대답은 나의 약함도 추함도 그리고 못난 사랑도 다 아시는 주님께 나의 사랑을 의탁하겠노라는 고백이다. 이런 과정 후 예수님은 베드로에게 '내 어린 양을 먹이라'라는 부탁을 하신다.

자신을 사랑하지 않는 사람은 남을 사랑할 수도, 가르칠 수도 없다. 자신을 바르게 사랑하는 사람만이 건전한 사고와 삶을 살 수 있기 때문이다. 부모는 우선 자신을 참으로 사랑하고 있는지 점검해보고, 자기애에 대한 바른 개념이 정립되어 있는지도 생각해봐야 할 것이다.

많은 크리스천들이 자기애에 대한 개념이 바르지 못해 자기를 사랑하는 일에 적극적이지 못할 뿐만 아니라 오히려 자기를 사랑하는 일이 하나님의 뜻에 어긋나는 것으로 생각하여 사랑으로 충만한 삶의 활기를 죽여버리기도 한다.

자기애를 이기심으로 오해하여 육신에 속한 일로 치부해버리는 경우가 많다. 그러나 진정한 자기애는 하나님과 나와 너의 관계 속에서만 온전히 성취된다. 자기를 사랑하는 것은 곧 자신의 창조주를 영화롭게 하는 것이다. 우리를 지으시고 '심히 좋다'고 하신 분에게 찬송을 드리는 일이다.

우리들의 자녀나 제자를 사랑하고 아름답게 여기며 "정말 너는 예쁘구나, 사랑스럽구나"라고 하는데 그가 "아니에요, 난 못났어요"라고 한다면 우리의 기분이 어떠하겠는가. 또한 예수 그리스도께서, "얘야, 나는 너를 위해 죽었단다"라고 하는데, "왜 나 같은 것을 위해 죽어요?"라고 한다면 예수님의 죽음은 무슨 의미가 있겠는가.

사랑을 사랑으로 받아들이지 못하는 불행은 자기를 사랑하지 못하기 때문이다. 자기를 진정으로 사랑하는 사람이라면 사랑하는 나를 위해 죽으신 예수님을 구주로 영접하고 감사할 수 있다.

자신을 학대하는 사람들은 '나 같은 것을 사랑해서 십자가에 못박힐 수가…' 하고 주님의 사랑을 의심하기 때문에 그분을 선뜻 구주로 영접하지 못하는 것이다.

못난 베드로를 이해하고 사랑하신 예수 그리스도의 사랑을 믿고 자신의 못난 자아를 용납해야 한다. 그리고 자기와 같이 부족한 사람들을 이해하고 인내하며 그들을 위해 자신을 내어놓는 헌신을 할 때 사랑은 더욱 피어난다.

진정한 자기애의 모습은 예수 그리스도의 십자가 상의 모습이다. 하나님의 뜻에 순종하여 자신을 죄인들의 대속물로 내어 놓을 때의 모습에서 참된 자기애를 배워야 할 것이다. 인간은 하나님과 타인을 사랑하는 관계 속에서만 자기애를 실현할 수 있으며, 행복할 수 있다.

부모는 하나님이 사랑하시는 '나'를 사랑할 수 있어야 하고, 하나님이 사랑하는 '너'를 통해 자아를 실현하는 태도로 가르쳐야 한다.

하나님의 자녀답게 대접하라

자기애는 관계 속에서 실현되는 것이므로 인간의 자기애는 하나님이 나를 사랑하신다는 믿음이나 남이 나를 대하는 말씨나 태도에서, 그리고 그러한 외부적인 것을 받아들이는 나의 마음 자세에서부터 온다. 그러므로 부모는 자녀에게 '하나님이 나를 사랑하신다'는 확신을 주어야 한다. 하나님의 자녀로서 존귀한 자임을 알게 해야 한다. 시편 기자는 이렇게 말했다.

> 존귀에 처하나 깨닫지 못하는 사람은 멸망하는 짐승 같도다
>
> 시 49:20

자신이 존귀한 자임을 알게 되는 것은 존귀한 대접을 받을 때 가능하다.

몇 해 전 부산에서 성대하게 열린 청소년 집회가 있었다. 나는 선택 강사로 집회에 이틀간 참여하게 되었다. 그곳에서 선포된 말씀은 하나님의 자녀로서 존귀한 자라는 확신과 하나님 자녀답게 사는 길에

대한 것이었는데 집회 장소의 화장실에 가보고 어이가 없었다.

화장실은 고장이 나서 그 무더운 여름에 코를 잡고서도 들어갈 수 없는 지경이었다. 코를 잡고 화장실 주위를 빙빙 돌며 청소년들이 정말로 하늘나라 왕자와 공주임에 자부심을 느꼈을까 의문이 들었다.

세상은 자기애를 파괴시킨다. 지하철에서나 버스 속에서 이리 밀리고 저리 밀리며 짐짝 취급을 받고, 성적표의 오르내림에 따라 상벌을 받고, 원숭이가 진화되어 내가 되었다는 교육을 받으며 자신에 대한 존귀함이 파괴되어 간다.

하나님의 자녀로서의 '나', 하나님이 눈동자같이 사랑하시는 '나'(시 17:8)라는 확신이 사라져가고 있다. 그러므로 우리의 자녀들은 자신의 정체성도 모르고 무엇을 해야 할지 몰라 불안하다.

어느 신문에 실린 기사를 보고 마음이 아팠던 적이 있었다. 중학교 2학년 여학생이 자살을 했다. 그 학생은 채팅 중에 상대방이 장난삼아 '너는 걸레다' 라고 쓴 것을 보았다. 자신이 어떤 존재인가에 대해 알지 못했던 소녀는 그 말을 되새기며 고민했다.

'나는 과연 걸레인가? 그렇다면 살아서 무엇을 하겠는가.'

결국 그 여학생은 자살을 하고 말았다.

'나는 누구인가' 를 바르게 가르쳐야 한다. 나는 하나님의 사랑받는 자녀이며, 하나님 안에서 삶의 목표가 있는 자로 하나님 자녀답게 살아야 하는 존귀한 자며, '너' 또한 그러하므로 '우리' 는 서로 사랑해야 한다. 우리가 온 곳은 하나님께로서이며 우리가 가야 할 곳도 그분이 계신 곳이라는 실존적인 문제를 어려서부터 가르쳐주어야 한다.

그리하여 그들의 삶의 목표를 분명히 해주는 일 또한 부모들이 할 일이다.

나는 이십대 후반의 늦은 나이에 예수 그리스도를 구주로 영접했는데 그 당시 목사님이나 장로님께서 기도해 주실 때 "주님, 이 귀한 딸을 더 크게 사용해 주십시오"라고 하셨다. 성숙한 나이였음에도 그 기도를 받으며 나는 이런 생각을 하곤 했었다.

'내가 귀하다고? 정말 내가 귀하게 되려나보다.'

이런 기도가 은연중 나의 미래의 자화상을 설정해놓았고, 때로 고된 연단이 있어도 '귀한 사람이 되려면 그릇이 터지는 아픔이 있는 것이다'는 생각으로 이겨낼 수 있었다.

하물며 어린아이들은 어떠하겠는가. 아이들은 어른들이 자기를 대하는 태도나 말씨에 따라 자신을 사랑하게도 되고 미워하게 된다.

내가 1학년을 담임했을 때 쉬는 시간마다 이렇게 묻는 아이가 있었다.

"선생님, 나 나쁜 아이지요?"

"아니야, 복이는 오늘 청소도 잘 하던걸."

"선생님, 나 나쁜 아이지요?"

"아니, 좋은 아이지. 하나님이 귀하다고 하신 아이지."

"선생님, 나 나쁜 아이지요?"

"아니, 아주 사랑스러운 아이야."

"치, 우리 엄마가 나는 말도 안 듣는 나쁜 아이라던데…. 선생님, 나는 공부도 못하지요?"

"아니, 너는 공부도 잘하고 있잖아. 앞으로는 더 잘 할 거고."

"우리 엄마는 날보고 바보라고 하는데…."

"선생님, 나는 나쁜 아이지요?"

"아니…."

그 아이는 전날 어머니에게 나쁜 아이라는 소리를 들은 만큼 나에게 좋은 아이라는 소리를 듣고 싶어 했다. 한 달쯤 이 일이 반복된 후 그 아이는 앞장서서 좋은 일을 하려고 애를 썼다.

자신이 어떠한 인물이라고 생각하느냐에 따라 삶의 태도가 달라진다. 자신을 존귀하게 여기는 사람은 삶의 자세가 경건하다.

초등학교 4학년 아이의 글짓기장에서 이런 글을 본 적이 있다.

"죽고 싶어요. 우리집에서 나는 천덕꾸러기예요. 공부도 못하는 바보예요. 학교에 와도 친구들이 나를 못난이 취급해요. 정말 죽고 싶어요."

얼마나 무서운 일인가. 부모의 혀가 자녀 속에 있는 하나님의 형상을 파괴한다는 사실은 무서운 일이다.

부모들은 자녀들을 격려해주고 존귀하게 대해줌으로 하나님의 자녀임을 순간마다 인식시켜주어야 한다. 하나님 자녀답게 키우고 싶으면 하나님 자녀답게 대접해야 한다. 어린 시절에 부모의 사랑과 따뜻한 보살핌을 받고 자란 아이들은 자신의 존재 가치에 대한 강한 확신으로 내적 안정감을 갖고 성년을 맞이한다고 한다.

특히 남 앞에서 자녀를 대하는 태도는 중요하다. 손님이 방문했을 때 자녀를 함부로 대해서는 안 된다.

또한 "고맙습니다", "감사합니다", "미안해요"라는 말이나 "잠시만 기다려줘. 엄마가 이 일을 끝내고 네 이야기를 들어줄게"라는 말에 인색하지 말아야 하고 아이들의 의견을 존중해주고 귀를 기울여주지 않으면 안 된다.

건강한 아이가 자신을 사랑할 수 있다　　믿는 부모들에게 자칫 무시되기 쉬운 부분들이 있다. 인간이 영, 혼, 육으로 되어 있다고 하면서도 영적인 가르침에 더 치중하는 것을 크리스천 교육인 양 오해하는 것이다.

> 여호와 하나님이 흙으로 사람을 지으시고 생기를 그 코에 불어 넣으시니 사람이 생령이 된지라 창 2:7

사람은 생령만으로 존재하지는 않는다. 그러므로 흙인 자신의 육체를 함부로 생각하게 해서는 안 된다. 자신을 소중한 존재로 여겨 사랑하도록 하려면 자기 자신의 영, 혼, 육을 돌보는 데 노력을 아끼지 말아야 함을 가르쳐야 한다.

자녀를 영적, 육적, 정신적으로 균형 있게 키우려면 많은 정성이 필요하다. 요즘 아이들은 팽팽한 긴장 속에 생활하므로 신체적인 활동을 통해 스트레스를 해소시켜주어야 한다.

육신이 건강하지 못하면 자신을 사랑하기 어렵다. 건강한 청지기로서 지혜로운 삶을 살며 자신을 사랑하는 것은 하나님도 기뻐하실 일이다. 예수께서는 병들고 약한 것을 고치는 사역을 크게 하셨다. 병들기 전에 자기관리를 철저히 할 수 있도록 어려서부터 건강한 자기관리 훈련을 시켜야만 한다.

일본의 소설가이자 정치가이며 자녀를 양육하는 아버지 이시하라 산타로의 '혼을 심는 교육관'을 옮겨놓은 책 속에 수긍이 가는 대목이 있어 여기에 소개한다.

그는 부모의 권리와 의무 중 자식에게 줄 수 있는 가장 고귀한 선물이 '건강'과 '신앙심'이라고 말했다.

건강교육의 기회는 아이가 병에 걸렸을 때로 삼는다. 아이가 병에 걸리면 부모는 아이들을 따뜻하게 돌보거나 위로하기는 하지만 아이에게 왜 그런 병이 생겼는지 설명하지 않고 그냥 지나쳐버리기 예사이다.

그는 부모가 병의 원인을 찾아 건강에 대한 부주의를 책망함으로써 아이가 자신의 건강에 대해 관심을 갖고 자각하도록 해야 한다고 한다. 아이들은 어느 정도 한계를 넘으면 자신의 몸이 상한다는 것을 은연중 알게 된다. 그런데 어떠한 욕구 때문에 그것을 그만둘 수 없게 되어 이것이 반복되면 한평생 건강을 악화시킬 수 있다는 것이다.

그러므로 아이들이 병석에 있을 때 본인 스스로 건강관리에 신경 쓰도록 강력하게 설득해야 한다는 것이다. 이때 부모의 설득은 가슴에 사무치는 귀한 교훈이 되기 때문이다. 건강이란 당연히 얻어지는 것이 아니며 또 얼마나 고마운 것인지 아이들에게 가르치는 일은 너무나 중요하다.

그는 학문을 가르치는 교육뿐만 아니라 육체에 대한 교육도 적극적으로 시행되어야 한다고 말했다. 건강관리를 기도하는 부모는 교사가 매학기 성적을 매기듯 계절별로 혹은 학기별로 아이들의 건강에 대한 성적을 매겨 그에 대한 상 또는 질책을 부과해야 한다고 강조한다.

그는 아이 자신의 건강관리나 스스로의 노력으로 감기나 설사, 발열 등을 줄이고 건강을 향상시킬 수 있다고 가르치며 미국의 제 26대 대통령 루즈벨트를 예로 들었다. '루즈벨트의 몸은 강철로 되어 있다'는 말을 들을 만큼 건강했던 루즈벨트는 본래 학교에도 다니지 못할 정도로 허약한 체질이었다고 한다. 그를 건강하게 만들기 위해 그의 아버지는 매일 그에게 독특한 체조를 하도록 했는데 그런 일과가 몇 년이고 계속 되었다고 한다. 루즈벨트가 건강해지자 그의 아버지는 "네가 아버지와 어머니에게 한 가지 효도를 했구나!" 라고 절찬했다고 한다.

아이들의 건강관리 성적은 부모의 성적으로 곧바로 이어질 수 있다. 부모는 아이가 즐길 수 있는 신체 활동을 찾기 위해 노력해야 한다. 마음 내킬 때만 하는 것이 아니라, 일종의 정신무장 교육으로 적당

한 운동을 매일 규칙적으로 함께하면 아이는 물론 부모도 건강해질
수 있다.

성교육을 방심하지 마라 |

명품을 사기 위해 원조교제를 한 여중생
들이 경찰관들에게 "이것도 일종의 아르바이트인데 왜 그러느냐!" 라
고 대들더라는 기사가 신문에 실리는 시대를 우리는 살고 있다.

크리스천 부모들은 성(性)에 대해 성경에서 가르치는 내용을 자녀
들에게 가르쳐야 하는데 그 기본은 우리의 몸이 성전이라는 것이다.

음행을 피하라 사람이 범하는 죄마다 몸 밖에 있거니와 음행하는
자는 자기 몸에게 죄를 범하느니라 너희 몸은 너희가 하나님께로
부터 받은 바 너희 가운데 계신 성령의 전인 줄을 알지 못하느냐
너희는 너희의 것이 아니라 값으로 산 것이 되었으니 그런즉 너희
몸으로 하나님께 영광을 돌리라 고전 6:18-20

크리스천은 성전 된 몸을 정결하게 지킬 책임이 있다는 것을 가르
쳐야 한다.

창세기 34장에 보면 야곱의 딸 디나가 이방 여인을 보러 나갔다가
세겜에게 강간당한 이야기가 나온다. 부모는 자녀들이 행실이 바른
친구와 사귀고 있는지 늘 살펴보아야 한다. 아이는 성장하면서 부모

보다 친구를 더 가까이 하게 되고 많은 영향을 받는다. 때문에, 부모가 자녀의 친구를 집으로 초대하여 대화를 나눠보는 것은 중요하다. 아이들은 주관이 약하기 때문에 삽시간에 친구를 따르게 된다.

어느 집 딸이 그 마을에 행실이 바르지 못한 여자를 따라다녔다. 그를 본 아버지가 딸을 타일렀다. 아버지의 말에 딸은 "물들지 않으면 될 게 아니에요"라고 반발했다. 그때 아버지는 조용히 창고에 가서 숯 한 덩어리를 손으로 집어 오라고 했다. 곧 딸은 숯 한덩어리를 손으로 집어 왔고, 아버지는 딸의 손바닥을 펴게 했다. 숯을 집었던 손바닥엔 숯검정이 묻어 있었다.

"이것 보렴, 가까이 하면 물이 들게 마련이란다."

디나에게서 한 가지 더 배울 교훈은 그녀가 이방 여인을 보러 나가는 호기심을 가졌다는 것이다. 이성에 대한 쓸데없는 호기심을 갖지 않도록 자녀가 이성에 관해 질문했을 때 부모는 솔직한 대화를 할 수 있어야 한다.

초등학교 4학년 아이들이 부모가 외출한 집에서 부모가 보다가 함부로 둔 음란 비디오를 본 것이 문제가 된 적이 있었다. 함께 본 아이 중 한 명이 집으로 돌아가 부모에게 이상한 질문을 하며 몸을 비비꼬더라는 것이다.

그걸 본 부모는 노발대발하여 학교를 찾아오고 아이들을 모아놓고 크게 나무랐다. 음란 비디오를 함부로 방치한 부모의 잘못도 크지만 흥분한 다른 아이의 부모 역시 너무 문제를 크게 확대시킨 것은 잘못이었다. 그 일로 혼이 난 아이들은 다시는 부모나 교사 앞에서 성에 관한 문제를 의논하려고 하지 않을 것이기 때문이다.

성의 문제를 지나치게 죄악시하거나 미화해서는 안 된다는 관점에서 학교에서도 좀 더 솔직하고 구체적으로 성교육을 하고 있다. 자녀가 성에 대해 질문할 때 망설이거나 당황해하면서 감추려고 하면 아이는 의혹을 갖는다. 질문을 받은 교사나 부모는 단순하게 대답하는 것이 좋다. 아이의 질문의 폭은 단순한데 어른들이 심각하게 받아들이는 예가 많기 때문이다.

언젠가 1학년 학부모가 자녀가 짝과 뽀뽀를 했다는 단순한 사실만 가지고 이상한 쪽으로 비약하여 심각해하는 것을 본 적이 있다. 그 아이는 순간적으로 상대를 좋다고 느껴 그것을 단순히 표현했을 뿐이다.

성교육에서 중요한 것은 어떤 정보를 알려주는 것보다 어떠한 의식을 갖게 하느냐이다. 요셉과 같이 유혹을 느낄 때 "내가 어찌 이 큰 악을 행하여 하나님께 득죄하리이까"(창 39:9)라는 고백이 크리스천 자녀의 의식 속에 자리잡혀야 한다. 크리스천은 "내가 거룩하니 너희도 거룩할지어다"(레 11:45)라는 하나님의 명령대로 살아야 할 책임이 있다는 것과 거룩한 백성으로 사는 것에 대한 자부심을 가져야 한다.

하나님께서는 이스라엘 백성에게 할례를 명하셨다(창 17:11). 할례는 하나님의 백성의 표가 되었으며, 순결과 거룩함의 상징이었다. 그러므로 우리는 자녀에게 하나님의 자녀로서의 긍지를 갖고 자신을 성결케 하는 일을 기쁨으로 감당할 수 있도록 지도해야 한다.

다윗의 범죄 사건에서도 지도의 한 방법을 볼 수 있다.

사무엘하 11장에 보면 백성이 전쟁에 출전했는데 다윗은 저녁 때에 침상에서 일어나 왕궁 지붕을 거닐다가 목욕하는 밧세바를 보게 된다. 아이나 청소년들이 한가한 몽상에 빠져 있을 때 쉽게 유혹을 받는다고 한다. 집을 비우는 부모들이 많고, 곳곳에서 음란서적이나 비디오테이프를 빌려주고 인터넷에서 적나라한 음란물을 쉽게 접할 수 있다. 자녀들은 그것을 보며 두뇌에 입력시키고, 그것은 행동의 동기를 부여한다.

유대인들은 가정을 하나의 성막이나 성전으로 생각하며 식사 전 손을 씻을 때도 구약의 물두멍에서 씻는 모습대로 한다고 한다. 그들에게 가정은 하나님이 계신 거룩한 곳이다. 우리의 가정도 마찬가지이다. 그러므로 불법 비디오나 경건치 못한 책을 둔다는 것은 있을 수 없는 일이다.

아이들의 육체의 욕구를 무조건 억누르기보다는 육체의 활동으로 발산시켜 줄 필요가 있다. 건전한 운동이나 놀이, 또는 일을 통해 해소시켜 주는 것이다.

다윗이 우리아의 아내 밧세바를 범하는 죄를 짓자 다윗의 집은 그와 같은 범죄들로 인해 괴로움을 당하게 된다. 압살롬이 아버지의 후궁들과 백주에 동침하게 되고 아도니야가 아버지를 수종들던 아비삭을 취하려 하기도 한다. 부모의 순결치 못한 행동대로 자녀들도 행했던 것이다. 부모가 순결한 결혼생활을 한다는 것은 자녀의 성교육과

직접 연관이 된다.

부모는 자녀들이 성전된 자신의 몸을 사랑할 수 있도록 가르쳐야 한다. 영, 혼, 육이 고루 바르게 성숙해나갈 때 자신과 하나님과 타인을 사랑할 수 있다는 것을 말이다.

정숙한 몸가짐을 갖도록 하라 ▐

디모데전서 2장 2절 말씀 중 "모든 경건과 단정한 중에 고요하고 평안한 생활"이라는 말씀이 있다.

바울은 종교적으로는 하나님 앞에 경건한 생활을, 사회적으로는 사람들 앞에서 단정한 생활을 강조했다. 단정한 생활에 대해서는 여러 가지 측면, 즉 육체에 대한 단정한 생활, 언어, 윤리에 관한 것 등이 있을 수 있겠으나 정결하고 단정하게 옷을 입는 것도 그중 하나가 아닐까 생각해본다.

자녀를 성공적으로 키운 어느 어머니는 자녀의 몸가짐을 바르게 가지게 하려고 행사가 있을 때나 졸업식이나 입학식 때면 반드시 정장을 입혔다고 한다. 또 어느 목사님은 자녀가 생일 초대를 받아 갈 때면 옷차림을 신사처럼 단정히 해주었다고 한다.

야곱은 요셉에게 채색옷을 지어 입혔다. 요셉은 다른 형제와는 달리 채색옷을 입고 자라며 자신이 존귀하게 되는 꿈을 꾸었다(창 37:3).

내가 말하는 것은 사치스럽게 입히고, 별나게 키우라는 뜻이 아니다. 아이의 활동에 지장을 주는 옷차림이나 늘 깨끗하게 입기만을 강요하는 부모에 대해서는 나도 반기를 든다. 단정하고 정숙한 몸가짐을 갖도록 지도해야 한다는 말이다. 한때 졸업할 때 교복과 교모를 찢어버리는 예가 있었다. 은연중 교복 때문에 행동에 제한을 받고 있었다는 뜻이다. 요즘 거리에 나가보면 종잡을 수 없는 옷차림으로 거리를 배회하는 많은 청소년들을 만나게 된다.

구약시대 히브리 사람들은 아이들에게 '지짓트'라고 불리우는 옷 단귀에 청색술을 달아 입혔는데 이는 여호와의 모든 계명을 기억하여 준행하고 욕심을 좇아 행하지 않게 하기 위함이었다.

부모는 자녀가 거룩한 하나님의 자녀답게 정숙한 몸가짐을 하도록 지도해야 한다. 어린 자녀의 눈을 쌍꺼풀로 수술해놓고 귓볼을 뚫어 귀고리를 달아주고, 이상한 머리 모양을 만들어 어색한 몸짓으로 친구들의 놀림감이 되게 하는 부모들이 있다. 텔레비전에 나오는 가수나 개그맨의 모습을 흉내내는 아이에게 박수를 보내는 부모들도 많다. 크리스천 부모들은 자신의 자녀를 세상 풍습에 물들게 해서는 안 된다. 우상에게 진설되었던 왕의 진미와 포도주로 자신을 더럽히지 않으려 했던(단 1:8-15) 다니엘과 세 친구들과 같이 세속적 문화에서 구별됨을 가르치자.

언어가 구별되게 하라

부모는 자녀가 품위 있고 정선된 아름다운 언어를 쓰도록 어려서부터 교육할 필요가 있다. 요즘은 '욕문화'라

해도 과언이 아닐 정도로 오염되고 거친 언어를 마구 내뱉는 아이들이 많다. 언어는 생각의 집을 짓기 때문에 함부로 사용해서는 안 된다.

부모는 아이의 언어 교육을 위해 아름다운 언어가 함축되어 있는 시나 동요를 암송시키는 것이 좋다. 나의 반 어린이들은 일주일에 한 편씩의 동시를 암송했다. 저학년의 경우 율동과 함께 암송하는데 동시 짓기 교육을 따로 시킬 필요가 없이 스스로 짓기를 습득하는 것을 볼 수 있었다.

틈만 있으면 자녀들과 함께 끝말 잇기놀이를 하는 부부를 보았다. "비행기-기차-차창-창고-고구마." 그들 자녀는 자신도 모르게 많은 언어를 습득해 나갈 수 있을 것이다.

성경의 시편이나 성경구절 중 아름다운 표현이 얼마나 많은지 모른다. 시편이나 성경구절을 선정해서 시의 형식대로 연과 행을 띄어 쓰고 거기에 맞는 시화를 그리게 하여 책상머리에 붙여놓고 암송시키면 어린이들은 즐거운 마음으로 시편을 대하게 될 것이다.

성경에서의 언어의 능력은 곧 창조의 능력으로 나타나 있다. 하나님은 언어로 천지 만물을 창조하시고 이렇게 말씀하셨다.

하나님이 가라사대 빛이 있으라 하시매 빛이 있었고 창 1:3

인간의 첫 창조 사역도 언어로부터 시작되었다.

아담이 어떻게 이름을 짓나 보시려고 … 아담이 각 생물을 일컫는
바가 곧 그 이름이라 창 2:19

하나님의 창조에 반역하는 바벨탑을 세울 때도 인간은 언어로 뜻을
모으는 것에서부터 창조를 시작했다.

서로 말하되 자, 벽돌을 만들어 견고히 굽자 하고 … 또 말하되 자,
성과 대를 쌓아 창 11:3,4

그리하여 하나님은 인간의 언어를 혼잡케 하셨다.(창 11:6-9)
언어는 단순한 사상 전달 이상의 것이다. 인간의 언어는 창조의 능
력이 있다. 인간은 자기의 언어에 의하여 창조된 실재의 이미지에 의
해 산다고 한다.

사람은 입에서 나오는 열매로 하여 배가 부르게 되나니 곧 그 입술
에서 나는 것으로 하여 만족하게 되느니라 죽고 사는 것이 혀의 권
세에 달렸나니 잠 18:20,21

동화 속에서도 이러한 면이 드러난 작품이 많다.
하루아침에 모든 것을 빼앗기고 다락방으로 쫓겨난 '소공녀'에게는
언어가 남아 있었다. 소공녀 세라는 자신과의 아름다운 대화를 잃지 않

는다. '소공자' 역시 가난한 이웃들의 좋은 말 친구였다. 고아였던 '빨강머리 앤' 은 쉴 새 없이 종알거린다. '키다리 아저씨' 의 주디 또한 다리 긴 아저씨에게 언어를 끝없이 보낸다. 작가는 이들 주인공들을 모두 어떠한 환경 속에서도 아름다운 언어를 잃지 않게 하고 있다.

주인공들의 말에 의하여 창조된 모든 것들이 마음의 상상과 이미지 속에 있게 하고 현실을 언어의 아름다운 사용으로 인해 변화시키며 소망 없는 주변의 사람들에게까지 언어를 찾아주기도 한다.

사람의 언어가 변화될 때에 마음의 내적 상상이 변화되며 현실을 변화시킨다고 할 때 언어는 참으로 중요하다. 언어가 내면적 상상에 파고드는 능력이 있으므로 수용력이 강한 어린이들에게 아름다운 언어를 접할 기회가 많이 제공되어야 한다. 긍정적이고 아름다운 언어를 잃지 않는 주인공들을 문학 작품 속에서 만나게 해야 한다.

어린이들이 친구들과 대화중에 쓰는 극렬한 언어에 놀랄 때가 있다. 거의 무의식적으로 내뱉는 욕설과 폭력적인 언어들은 어린이들을 억누르는 혼란한 사회 속에서 생겨난 것이다.

또한 자신의 언어가 아닌 모방의 언어를 쓰는 어린이가 많다. TV 문화권의 영향에 의한 위력이다. 모방 언어를 사용하는 어린이는 점차 자신감을 잃어간다. 심리학적으로 볼 때 사람이 자신에 대해 자신감이 없을 때 남의 언행을 모방, 추종하는 것이 가장 효과적인 자기 보호의 방식이라고 한다.

자기에게 자신이 없을 때 어린이는 부정적이기 쉽다. '안 된다', '미위', '싫어' 라는 언어를 사용한다. 물질문명 속에서 어린이의 언어가 숫자화되었고 컴퓨터의 보편화로 인한 문자의 단순화 현상을 보이고 있다. 말초신경을 자극하는 재미있는 언어가 추구되는 시대이다. 아이들은 문학작품을 읽으려 하기보다 TV나 비디오를 보려고 한다.

요즘 아이들이 읽고 있는 책을 유의해서 보면 유행처럼 귀신에 대한 공포시리즈와 저속한 언어를 사용한 극악한 내용의 만화, 알맹이 없이 웃기는 명랑동화가 판을 치고 있는 것을 알 수 있다. 그 속에서 사탄은 언어를 오염시키고 있다. 추악하고 저속한 삶을 창조하는 기반을 구축시키고 있는 셈이다.

인터넷을 통해 정보량이 비약적으로 증대되어 개인이 자신의 취향에 맞는 정보들을 얼마든지 쉽게 얻을 수 있게 되었다. 개성화되고 다양화된 사람들의 입맛을 끌어당기기 위해서 속도감 있고, 짧고 단순한 재미의 언어들이 각광을 받고 있다. 이러한 시대 속에서도 어른들은 어린이들에게 아름다운 언어를 찾아주어야 한다. 시대가 어떠하든 공동정서 반응을 일으킬 수 있는 순수하고 순결한 언어들이 지켜져야 한다.

요셉과 같이 꿈을 말할 수 있는 언어, 골리앗 앞에 선 다윗 같이 담대한 믿음의 언어, 긍정적이고 자신감이 넘치는 여호수아의 언어, 솔로몬의 잠언 같은 지혜의 언어, 아가서의 아름답고 순결한 언어를 우리 아이들이 말하게 해야 한다. 하나님은 우리 언어로 열매를 맺으시기 때문이다.

입술의 열매를 짓는 나 여호와가 말하노라 사 57:19

    바벨탑 사건으로 혼잡하게 되었던 언어가 오순절 마가의 다락방에서 회복된다. 오순절 성령강림으로 인해 정식으로 교회가 탄생하게 되었을 때 언어가 회복되었음은 유의할 일이다. 우리 아이들이 성령 충만한 자아를 회복할 때 아이들의 언어가 새로워질 것이다.

사람은 입의 열매로 인하여 복록에 족하며 잠 12:14

성실과 인내로 이루는 꿈

꿈을 통과하는 열쇠는 고난이며, 꿈과 동행하는 것은 성실이다. 아무리 선하고, 큰 꿈이라도 성실이 따르지 않으면 세월을 헛되게 보내는 악한 종이 된다. 한 달란트 받은 종이 꾸지람을 받은 것은 자기가 받은 것을 적게 여겨 땅에 묻고, 불성실한 세월을 보냈기 때문이다.

꿈을 선포하는 아이

야곱이 노년에 낳은 아들 요셉은 아름다운 채색옷을 입고 아버지의 사랑을 듬뿍 받으며 형들의 잘못을 아버지에게 고자질하면서 자란다. 요셉은 형제들의 곡식 단이 자기가 묶은 단을 향해 절을 하는 꿈과 해와 달과 열한 별이 자기에게 절하는 꿈을 꾼다.

부모는 자녀가 하나님이 주시는 꿈을 통해 삶의 목표를 세우게 해야 하며, 희망을 갖도록 해야 한다.

아이의 꿈은 누군가와 같아지고 싶은 데서부터 시작된다. 그러므로 모델이 필요하다. 점차 존경하는 인물이 소멸되어가고 있는 시대다. 아이들은 TV에 나오는 연예인에 열광한다. 인류를 위해, 나라를 위해 목숨을 버리는 위인들이 점차 그들의 세계 밖으로 밀려 나가고 있다.

부모는 자녀에게 성경 위인전이나 세계 위인전, 우리나라의 위인전을 어려서부터 읽혀야 한다. 근래 아동문학도서 출판사에서 위인들의 평범했던 어린 시절을 부각시키는 일은 바람직하다. 평범했던 아이들이 위인이 되었다는 데 독자인 아이는 닮아보겠다는 의욕과 자신감을 느낄 것이기 때문이다.

그러나 성경 위인에 대해 가르칠 때 유의할 점은 성경의 어느 개인을 영웅화시켜서는 안 된다는 것이다. 성경 인물들은 하나님이 쓰시는 도구였다는 사실을 분명히 해야 한다.

그들은 하나님의 인간 구원의 역사 속에서 쓰임받은 종에 불과하며, 언제나 이야기 속의 주체는 하나님이심을 분명히 해야 한다. 아이가 성경 위인에 대해 배우며 나도 하나님께 쓰임 받는 도구가 되어야겠다는 마음을 갖도록 해야지 그 인물처럼 되어야겠다는 생각을 하게 해서는 안 된다는 것이다.

요셉은 꿈을 통해서 자신의 잠재력을 개발할 수 있었고, 미래를 볼 수 있었다. 요셉이 꿈을 갖고 꿈을 실현해가는 과정에서 우리는 배울 것이 많다.

꿈을 꾼 요셉은 자신의 꿈을 선포하는 믿음을 가졌다. 잠재의식 속에 깊이 가라앉아 있던 꿈을 선포할 때 꿈을 이루어가는 추진력이 나타날 수 있는 것이다. 자신의 꿈을 자신 있게 발표하는 아이들이 드물다.

"엄마가요, 과학자가 되래요."

"아빠가요, 의사가 되래요."

부모가 자녀의 꿈을 대신 꾸어줄 수는 없다. 야곱과 같이 자녀의 꿈의 선포를 마음에 두고(창 37:11), 격려해주고 도울 수는 있어도 무엇이 되라거나 무엇을 하라고 강요할 수는 없다.

꿈은 개성과 연관성을 갖는다. 누구나 자신의 개성에 맞는 꿈을 꾸는 것이다. 저 아이가 과학자가 되겠다니 나도 되겠다는 아이들이 많다. 부모는 자녀가 개성에 맞는 꿈을 꾸고, 그것을 선포할 수 있도록 도와주자.

남과 다른 점을 주목하자

예수님께서 모인 큰 무리를 둘러보시며, "우리가 어디서 떡을 사서 이 사람들로 먹게 하겠느냐?" 하셨을 때 안드레가 보리떡 다섯 개와 물고기 두 마리를 가진 아이를 예수께로 데려와서는 머뭇거리며 말한다.

여기 한 아이가 있어 보리떡 다섯 개와 물고기 두 마리를 가졌나이다 그러나 그것이 이 많은 사람에게 얼마나 되겠삽나이까 요 6:9

그러나 예수님은 아이가 가진 것으로 오천 명을 먹이시고 남은 조각이 열두 바구니에 가득 차게 하셨다. 어른들이 어린이의 가능성에 갖는 기대치는 안드레의 그것보다 훨씬 못한 경우가 많다.

예수께 아이와 아이가 가진 것을 소개한 안드레 같은 부모와 교사가 필요하다. 안드레와 같이 아이가 무엇을 가졌는지 알아야 하고 그것을 내어놓도록 어린이를 예수님께로 데려가야 한다.

예수님은 제자들의 잠재능력을 발굴해주셨다.

네가 요한의 아들 시몬이니 장차 게바라 하리라 요 1:42

시몬은 갈대처럼 충동적이고 불안전한 사람이었다. 물 위를 걷다가도 빠지고, 발을 씻지 않겠다고 하다가도 금방 발을 씻어 달라고 하고, 예수님을 위해 죽을 각오를 했다가도 곧 부인했다. 그런 시몬을 예수님은 '베드로'라고 부르신다. '흔들리지 않는 반석'이라 하신 것이다.

베드로는 자신이 불안정한 인격을 갖춘 사람임을 잘 알고 있었다. 베드로라 부르시겠다고 했을 때 그는 당황하고 부끄러웠을 것이다. 그러나 예수님께서는 베드로의 감추어진 한 면을 북돋우신 것이다. 교회의 반석이 되기까지 베드로는 갈대와 반석 사이에서 내적 갈등을 겪으며 훈련으로 다듬어져야 했다.

부모는 자녀의 성격이나 재능이 예수 그리스도 안에서 사용될 수 있도록 고무시켜야 한다.

어느 날 등교길에 나는 낯선 아이와 우연히 동행하게 되었다. 준수하게 생긴 3학년 남학생이었다. 질문에 또박또박 점잖게 대답하는 아이를 보며 나는 무심코 "넌 참 점잖구나"라고 했다. 그 후에도 이따금 마주치게 되었는데 그때마다 "넌 참 사내답고 멋있구나"하는 말을 했다. 그런데 알고 보니 아이는 천하에 둘도 없는 개구쟁이였다.

학기가 바뀌어 그 아이가 4학년이 되었을 때 내가 담임을 하게 되었다. 나는 소문은 아랑곳없이 아이에게서 느낀 대로 대했고 아이 역시 점잖게 행동했다.

이 일을 통해 나는 학기 초가 되면 전 학년 담임에게 듣게 되는 아이 개개인에 대한 신변 설명을 듣지 않게 되었다. 아이들을 처음부터 선입견이나 고정관념을 갖고 대하지 않기 위해서였다.

재능에 대해서도 어떤 과목에 전혀 재능이 없다고 평가되어 온 아이에게서 반짝이는 재능을 발견할 때가 있다. 재능은 땅에 감추인 보석을 캐내듯 캐내주어야 한다.

어렸을 때에 재능을 발견할 수 있는 많은 기회가 제공되어야 한다. 글짓기를 하거나 그림을 그리거나 노래를 하거나 달리기를 하거나 아이가 무엇인가 표현하려는 욕구를 나타낼 때에는 거침없이 표현할 수 있도록 자료를 제공해주어야 하며 그 결과에 대해서는 무조건 칭찬을 해주어도 좋다.

어느 화가가 어렸을 적에 잉크를 몽땅 쏟아서 벽에다 손가락으로 그림을 그려놓았다. 외출하고 돌아온 그의 어머니는 그 그림을 보고 잠시 숨을 한번 내쉬더니 "참 멋진 그림을 그렸구나"라고 했다. 그는 훗날 그때 만약 어머니에게 꾸중을 들었다면 화가가 되지 못했을 것이라고 했다.

아이들에게 재능은 각자 다르게 타고 난다는 것을 알려주어 남과 비교하여 의기소침해지지 않도록 해야 한다. 남과 다른 자신의 재능을 값지게 여기고 계발을 위해 노력해야 함을 가르쳐야 한다.

우리나라 부모들은 자녀들을 똑같은 틀에 맞추어 넣으려고 하는 경향이 있다. 부모들이 갖고 있는 훌륭한 자녀상은 거의 비슷하다. '공부 잘하는 아이', '말 잘 듣는 아이' 처럼 막연하고 포괄적이다. 구체적인 자녀상을 갖고 있지 않아서 자녀에 대해 바른 주관이 없다. 남이 피아노 학원에 보낸다면 나도 피아노 학원에 보내고, 남이 바이올린을 가르친다면 내 아이도 바이올린을 가르친다. 그러면서 늘 남의 아이와 비교하기 때문에 내 아이가 남보다 뒤질까 불안해한다.

많은 어머니들이 "우리 아이는 너무 내성적이라 걱정이에요"라고 한다. 부모들이 내성적이라고 표현하는 것은 발표력이 뛰어나지 못하거나 친구들 사이에 지도력을 발휘하지 못하는 것이 안타까워서 하는 말인 경우가 많다. 학부모 수업 참관이 끝나면 조용히 앉아 있던 아이는 집에 돌아가면서 구박을 받아야 한다.

그러나 예능적인 재능이 특출하거나 과학적인 사고력이 두드러진 사람들 가운데 어렸을 적에 내성적이거나 사회성이 부족했던 사람들이 많았다는 것을 알아야 한다. 이를 테면 내성적이건 외향적이건 각각 어떤 인물이 될 때 요구되는 성격이 있다는 것이다.

내적인 성숙과 예리한 관찰력을 요구하는 작가 같은 인물이라면 조용히 홀로 있기를 좋아하는 성격이 오히려 그를 더욱 내적으로 충실한 사람을 만들 수도 있다.

에서와 야곱을 보면, 에서는 남자다워서 들녘을 뛰놀며 짐승을 쫓았지만 야곱은 어머니의 치마폭에 싸여 있었던 섬세한 아이였다. 그러한 야곱의 내성적인 성격이 오히려 하나님을 깊이 사고하고 의뢰하며 하늘의 복을 탐하는 사람으로 만들었을 것이다. 그렇다고 에서와 같은 성향이 나쁘다는 것은 아니다.

예수님의 제자 중 야고보는 성급한 사람이었고, 베드로는 불안정하고 저돌적인 사람이었고, 후에 사랑의 사도로 불리운 요한 역시 우뢰의 아들이라는 화산 같은 성품의 사람이었다. 그러므로 모두 같은 사람이 되라고 강요하는 것은 하나님의 뜻에 어긋난다. 하나님은 한 사람 한 사람 모두 다르게 지으셨기 때문이다.

그러므로 부모는 자녀의 개성을 인정해주고 그 개성을 하나님께 쓰임받는 데 합당한 인물이 되도록 기도하고 지도해주어야 한다. 형제들끼리라도 비교하거나 똑같이 만들려고 해서도 안 된다. 능력의 차이는 견줄 것이 못된다. 단지 개인차를 고려해야 할 뿐이다.

유명한 대학 교수인 아버지에게 두 아들이 있었다. 큰아들은 아버지를 닮았는지 지능이 뛰어나고 학업 성적이 언제나 최고였다. 그러나 둘째 아들은 그렇지 못했다. 그는 늘 어머니로부터 "형은 공부를 잘하는데 너는 뭐냐?"라는 식의 꾸중을 들어야 했고, 어렸을 때 취미로 했으나 뛰어난 재능을 보였던 첼로 역시 어머니의 학문에의 길에 대한 강요로 인해 포기해야만 했다. 둘째 아들은 결국 정신분열증세를 나타내고 말았다. 둘째 아들은 첫째 아들과 다른 인간으로 키워야 했던 것이다.

어려서부터 자신을 남과 비교하도록 키워서는 안 된다. 스스로 비교하여 우월감을 가질 수도 있고, 열등감을 가질 수도 있으며, 남을 자신의 기준에 맞추려 하기 때문에 형제나 친구간의 관계에도 좋지 않은 영향을 미친다.

우리가 어떤 자기를 칭찬하는 자로 더불어 감히 짝하며 비교할 수 없노라 그러나 저희가 자기로서 자기를 헤아리고 자기로서 자기를 비교하니 지혜가 없도다 고후 10:12

성경 속의 안드레와 베드로는 서로 형제였다. 그러나 매우 다른 개성을 갖고 있었다. 예수님은 그들을 개성에 맞게 사용하셨다. 성급하고 저돌적인 베드로는 한 번의 설교로 삼천 명을 회개시키는 데 사용하셨고, 신중하고 견실하며 온건한 성품의 소유자였던 안드레는 개인적인 사역을 통해 불신자를 그리스도께로 인도하고 봉사하는 데 쓰셨다. 더욱이 베드로를 예수님께로 인도했던 사람은 안드레였다.

남을 돕는 꿈을 꾸게 하자

또한 부모는 아이가 가지고 있는 재능을 발전시켜 남을 유익하게 하는 사람이 되도록 격려해야 한다.

어린 다윗은 푸른 들판에서 양을 치며 수금을 타며 하나님을 찬양했다. 그는 후에 수금으로 사울을 괴롭히는 악신을 떠나게 했고, 그가 늘 들고 있던 막대기와 시냇가에서 주운 매끄러운 돌 다섯으로 골리앗을 넘어뜨렸다. 어린 다윗이 몸에 지니고 있던 것이 하나님의 손에서 놀라운 능력으로 재창조되었던 것이다.

우리나라에서 크게 쓰임받고 있는 어느 분의 간증을 신문에서 읽은 적이 있다. 그 분은 어린 시절 무척 가난했다고 한다. 그런데 어머니에게서 가난한 사람도 누군가를 위해 헌신할 수 있다는 것을 배웠노라고 했다.

그의 어머니는 새벽마다 자녀들을 깨워 둘러앉히고 마을 집집을 위해 기도하게 했던 것이다. 또 이웃집에 잔치가 있는 날이면 형제들을 보내 하루종일 손이 부르트도록 우물물을 긷게 했는데 그 대가로 떡 한 조각이라도 얻어먹으면 어머니께 큰 호통을 들었다는 것이다.

그 어머니의 교육 방법은 비록 가난했지만 아이들에게 남을 위해 헌신할 수 있는 꿈을 갖게 했던 것이다. 자녀들이 어렸을 때부터 남을 섬기는 훈련을 통해 이기심에서 벗어나도록 부모가 도와주어야 한다.

요즘 세계로 나가서 한국을 자랑하는 우리나라 자녀들의 간증을 들으면 하나님의 꿈은 크고 높다는 것을 실감하게 된다. 요셉이 애굽을 향해 내려갔듯이 하나님은 우리 자녀들을 세계 속에서 훈련시키셔서 인류를 위해 헌신하게 하신다.

나는 고학년을 담임하면 교실 앞면에 커다란 세계지도를 걸어놓고 아이들의 꿈을 부추기며 세계문학과 세계역사에 관한 책을 읽도록 권장하고 있다. 크리스천은 복음의 능력을 전할 사명을 감당해야 하므로 세계를 향한 꿈을 꾸는 것은 당연한 일이다. 선교사를 가정에 초대하거나 선교 비디오와 책을 통해 아이들의 꿈을 확장시켜주는 일이 필요하다. 꿈이 큰 사람은 현실의 어떤 관계 속에서도 옹졸하지 않으며, 모든 문제에 담대하다.

세계 속에서 일하고 있는 크리스천 자녀들 중에 많은 수가 십대의 어린 나이에 유학길을 스스로 결정했고, 무일푼으로 '하나님이 나와 함께 하신다' 는 믿음만 갖고 떠났다는 고백을 종종 듣는다. 요셉이 형들을 너그럽게 용서했듯이 꿈을 향해 돌진하는 사람들은 이처럼 대범하고 두려움이 없다.

꿈을 이루는 성실을 훈련하기

요셉이 하나님께 인정받았던 것이 꿈을 믿는 믿음이었다면, 사람에게 인정받은 부분은 그의 성실성 때문이었다. 보디발의 종으로 있으면서도, 옥중에 있으면서도, 애굽의 총리로 있으면서도 그는 모든 일에 성실했다.

꿈을 통과하는 열쇠는 고난이며, 꿈과 동행하는 것은 성실이다. 아무리 선하고, 큰 꿈이라도 성실이 따르지 않으면 세월을 헛되게 보내는 악한 종이 된다. 한 달란트 받은 종이 꾸지람을 받은 것은 자기가 받은 것을 적게 여겨 땅에 묻고, 불성실한 세월을 보냈기 때문이다.

자기가 받은 달란트를 소중히 여기지 않고 남과 비교하며, 불평하며, 힘들이지 않고 큰 것을 얻으려는 요즘 세대에 아이들도 물들어가고 있다. 아이들은 말초신경을 자극하는 놀이나 안일을 추구하며, 움직이기는 물론 생각하기조차 싫어한다. 오직 편안만을 추구한다.

십 년 전만 해도 아이들에게 담임교사가 심부름을 시키면 큰 영광으로 알았다. 그런데 요즘 고학년 아이들은 담임교사가 시키면 마지못해 하고 다른 교사가 시키면 바쁘다는 핑계를 댄다. 중학교에 가면 반장이나 부반장을 하려고 하지 않는다. 학급을 위해 일하기 싫다는 것이다. 아이를 책상 앞에만 앉혀놓으려는 부모들의 편협한 생각이 아이들의 이기심을 부추긴다.

학습은 책을 통해서만 얻어지는 것이 아니다. 함께 일하면서 배워야 할 것들이 얼마나 많은지 모른다. 심부름을 통해서 아이들은 돈의 사용법을 배울 수도 있고, 밥상에 수저를 놓으면서 숫자를 익힐 수도 있다.

성경 속의 인물들을 살펴보면 자신의 삶의 현장에서 성실히 일할 때 축복을 경험한 것을 알 수 있다. 리브가가 아브라함의 종을 만난 때는 물을 긷고 있을 때였고, 라헬이 야곱을 만났을 때는 양을 몰고 있을 때였으며, 요셉은 아버지의 심부름을 하다가 애굽으로 팔리게 되어 애굽 총리가 될 수 있는 계기가 되었고, 다윗 역시 아버지의 심부름을 하러 갔다가 골리앗을 대적하게 되었다.

큰 꿈을 이루는 계단은 작은 성실에서부터 시작된다. 야곱도, 요셉도, 남의 종살이에서부터 시작되었다. 부모는 아이가 작은 일에 성실할 수 있도록 가르쳐야 한다. 하나님은 작은 일에 충성하는 자에게 큰 것을 맡기신다는 걸 아이들이 알게 해야 한다. 꿈을 이루는 법칙은 낮은 데서 높은 데로, 작은 일에서 큰 일로, 심는 데서 거두는 일로 점차적으로 이루어진다. 부모는 아이가 작은 집안일이나 학교 일에서부터 성실을 가르쳐야 한다.

성실은 손이 하는 일과 연결된다. 하나님이 복을 주시겠다는 약속 중 '네 손이 하는 일'에 복을 주시겠다는 것이 많다. 그럼에도 요즘 부모들은 아이들의 머리만 키우고 손은 매어놓아 기형적인 아이들로 키운다. 자녀가 조금만 늦게 하교해도 전화를 하는 부모가 있다.

"선생님, 우리 아이 좀 청소에서 빼주실 수 없어요. 학원에 갈 시간이거든요."

아이들도 당당히 요구한다.

"선생님, 오늘 청소 못해요. 피아노 배울 시간이에요."

성실하지 않은 사람은 하나님께서 사용하실 수가 없다. 성실히 일하되 감사와 기쁨으로 할 수 있도록 가르쳐야 한다. 일을 축복으로 받아들이도록 도와야 한다.

옛 예루살렘 성전이 세워지던 때 변장한 솔로몬 왕이 공사터를 다니다가 한 석공에게 물었다.

"어떻소. 일이 재미있습니까?"

"하는 수 없이 하는 거지요. 밥 때문에 말입니다."

조금 가다 다른 석공에게 물었다. 이번 석공은 냉담하게, "뭐 의무로 생각하고 하는 거지요"라고 대답했다. 얼마 후 다시 다른 한 석공에게 묻자 그는 환히 웃으며 이렇게 대답했다.

"기쁩니다. 나는 주의 집을 짓는 일에 동참하게 된 것을 깊이 감사합니다. 성전이 완성되어 많은 회중이 예배하게 될 때의 감격을 생각하니 가슴이 벌써 두근거립니다. 이런 일을 할 수 있어서 너무 행복합니다."

크리스천 자녀들은 세 번째 석공의 일을 대하는 자세를 배워야 할 것이다. 세상은 우리 자녀들에게 성실보다는 요행을 가르친다. 아이들이 즐겨하는 놀이 속에 사행심을 북돋는 것이 판을 친다. 구멍가게에 있는 뽑기 상자나 컴퓨터 놀이에 이르기까지 심지어 입시 제도까지 요행을 가르친다.

어른들이 일을 대하는 태도에서도 아이들은 성실과 불성실을 배운다. 웃음으로 즐겨 자신의 일을 하는 부모 밑에서 자라는 자녀와 불평으로 일을 하는 부모 밑에서 자라는 자녀는 다르다.

일에 대한 대가를 받을 때 역시 마찬가지이다. 성실하고 묵묵히 일하는 사람이 칭찬받는 사회라면 아이들은 성실을 배울 것이요, 결과보다는 노력하는 것을 칭찬해줄 때 아이의 성실은 격려를 받을 것이다. 운동회나 소풍 등의 학교 행사가 끝나면 지저분하게 널려 있는 휴지를 줍게 되는데 그냥 집으로 데리고 가버리는 부모들도 있고, 늦게까지 남아 뒷정리를 하고 오는 자녀에게 '그것도 못 빠져 나오느냐'

고 야단을 치는 부모들도 있다. 그런 부모의 태도에 아이들의 성실은 소멸되어 간다.

　아이들이 일을 즐겨 할 수 있게 하려면 일을 할 때 즐거운 분위기를 만들어주어야 한다. 아이들이 청소를 하기 싫어하는 이유는 청소를 벌로 시키기 때문이다. 학교나 집에서 '화장실 청소는 벌'이라는 식의 교육은 옳지 않다. 어려서부터 일은 하나님의 선물이며, 일을 할 수 있는 육체를 지어주신 분께 감사하도록 가르치자. 하나님께서는 사랑하는 자를 택하시고 자신의 일을 맡기셨다.

책임감 있는 아이로 키워라

요셉은 책임감 있게 보디발의 집을 관리해나갔다.

> 그가 요셉에게 자기 집과 그 모든 소유물을 주관하게 한 때부터 여호와께서 요셉을 위하여 그 애굽 사람의 집에 복을 내리시므로 여호와의 복이 그의 집과 밭에 있는 모든 소유에 미친지라 창 39:5

　크리스천의 참다운 성실과 책임은 하나님께 의존할 때 성과를 거둘 수 있다. 맡겨진 일을 하나님께서 맡겨주신 일로 알고 그분께 조력을 구할 때 이웃에게 복을 나누어주어야 하는 크리스천의 책임을 완수해나갈 수 있다. 크리스천의 책임의 범위는 이웃의 생명 구원에 이르기까지이다.

그런데 크리스천들은 대강대강 해놓은 일에 대해 비판하지 않는다. 그보다는 '은혜롭게 합시다' 라는 말로 덮어버린다. 모든 일이 하나님께서 내게 주신 일이며, 하나님께서 그 일의 결재자라는 의식이 투철하다면 은혜라는 말로 대충 넘어갈 수는 없다. 하나님은 언제나 최선의 것을 받기를 원하시기 때문이다.

어려서부터 제 할 일과 부모가 도와주어야 할 일의 한계를 분명히 해야 한다. 책가방 정리나 준비물까지 부모가 챙겨주기 때문에 물건을 잃어버리고도 자기 것인지 남의 것인지 몰라서 찾아가지 않는 일이 생긴다.

아이가 하는 일이 답답해서, 힘이 들까봐, 안타까워서 숙제를 대신해주는 부모들이 있다. 자녀의 삶을 대신 살아줄 수 있다면 그렇게 해도 되겠지만 자녀는 자기 몫의 삶을 스스로 살아가야 한다. 부모가 격려하고 도울 수는 있지만 대신해줄 수는 없다.

이따금 숙제를 해야 할 아이들보다 도와줄 부모가 더 귀찮아하는 것을 볼 수 있다.

"너희 선생님은 웬 숙제를 이렇게 많이 내주니?"

이런 말은 자녀로 하여금 숙제를 짜증으로 받아들이는 역효과만 낼 뿐이다. 배운 것을 스스로 해보는 숙제야말로 즐거운 일이고, 이왕 할 바엔 즐겁게 하자고 격려하면 아이들은 숙제를 통해 자신감과 즐거움을 동시에 누리게 될 것이다.

또 부모가 숙제를 할 때 간섭하거나 꾸중을 하면 아이들은 숙제를 싫어하게 된다. 시간이 걸리더라도 직접 답을 가르쳐주기보다는 참고서를 함께 찾아본다거나 스스로 생각할 수 있게 도와주자.

아이에게 무슨 일을 맡길 때는 우선 이 일을 할 수 있겠는가를 아이와 함께 의논해보아야 하며 일의 처리 후에는 반드시 확인해주어야 한다. 확인과 격려는 성취감을 주어 책임감을 키워주기 때문이다.

집 안에서는 반드시 자기의 위치와 할 일을 알려주어야 한다. 집안일 중 자신이 책임질 일을 맡겨주고 자기 책상, 식사할 때 자기 자리 등에 책임을 지도록 지도하자. 동생을 돌보는 일 중 하나를 책임지게 하는 일도 인간관계 속에서의 책임감을 느낄 수 있도록 하는 좋은 방법이다. 심리학자이며 교육학자인 제임스 도브슨은 이렇게 말했다.

유년시기에는 근면과 훈련으로 양육되어야 한다. 이기적인 생각, 욕심, 참지 못하는 성미, 그리고 무책임의 꽃을 '아이의 자유' 라는 미명하에 마음껏 피우게 해서는 안 된다.

우리는 이따금 파렴치한 죄를 범한 죄인이 죄의식 없는 얼굴로 "이 사회 때문에…"라고 말하는 것을 보게 된다. 책임감을 올바로 키워주지 않는 것은 자신의 삶을 남에게 책임지도록 가르치는 셈이다. 자신의 잘못을 "누구 때문이다"라고 말하는 사람을 만드는 것이다.

언젠가 라디오 방송프로의 PD로부터 구성 원고를 부탁받은 적이 있는데 아이들의 입을 통해 어른들의 무질서를 꼬집어달라는 것이다.

"어른들은요 휴지도 마음대로 버리고…" 하는 식을 요구해왔던 것이다. 나는 요구대로 쓸 수 없노라고 했다. 이러한 프로들로 인해 아이들이 책임을 회피하는 것을 배울 수 있기 때문이다.

환경과 질서를 주제로 아이들에게 글을 쓰게 한 적이 있었다. 제출된 원고를 읽으면서 씁쓰름한 감정을 감출 수 없었는데 거의 모든 아이가 스스로 책임감을 느낄 줄 모르고 "어른들은…" 하고 썼던 것이다.

크리스천에게 있어서 책임을 바르게 완수할 수 있도록 하는 일은 하나님께 순간마다 도움을 청하도록 가르치는 일이다. 모든 일을 하기 전에 기도하는 습관과 일을 하고 난 후에 감사하는 기도를 하도록 훈련하자.

꿈을 이루기 위해 당하는 고난을 알려주라

요셉이 꿈을 선포하였을 때 형제들의 미움을 받아 결국은 노예생활을 하게 된다. 꿈을 이루는 노정에서는 반드시 어려움을 만난다는 것을 가르쳐야 한다. 값진 삶은 반드시 값을 요구한다는 것을 말이다. 많은 아이들이 이 세상의 모든 것이 땀 흘림 없이 쉽게 얻어진다고 생각한다. 이것은 물질을 요구할 때마다 풍성히 안겨주는 부모의 잘못 때문이다.

부자인 어느 부모의 교육 방침에 공감했던 일이 있다. 이 부모는 다른 아이들이 흔히 받는 피아노 교습조차도 자녀들이 배우고 싶다고 간절히 졸라야만 시켰다. 원하는 물건을 사줄 때도 그냥 주는 법이 없이 무언가 일을 시켜서 그 일의 대가로 주었다. 넓은 뜰을 밭으로 만들어 자녀들과 함께 채소를 키우면서 자녀들에게 배추 한 포기를 위해 흘려야 하는 땀과 인내를 통해 인생에 공짜는 없다고 가르친다는 것이다. 그 자녀들은 누구보다 성실하고 감사할 줄 아는 아이들로 자랐다.

채색옷을 입고 아버지의 사랑 밑에서 형제들의 허물을 고자질하던 요셉을 왜 하나님은 애굽으로 종살이를 보내셨을까? 편애한 아버지 밑에서 요셉이 꾼 꿈은 자기 위주로 높아지려는 이기적인 것일 수밖에 없었다. 하나님은 이기적인 그의 꿈을 하나님의 백성을 위한 선한 꿈으로 바꾸시기 위해 훈련을 시작하셨다고 볼 수 있다.

부모는 자녀에게 한 사람이 고통 속에 훈련을 받음으로 여러 사람을 유익하게 할 수 있다는 것을 가르쳐야 한다. 벤자민 프랭클린은 "고통을 주는 것은 교훈을 준다"라고 했고, 카알 G. 융은 "모든 신경증은 정당한 고통을 회피한 대가이다"라고 했다. 영적, 정신적 성장을 성취할 수 있는 도구로서의 고통을 건설적으로 경험하도록 해주는 일은 교육에서 중요하다.

자녀들이 종의 자세로 삶을 살아가는 훈련을 시켜야 한다.

미국 정부가 인디언 마을을 점령할 때 가장 효과적이었던 방법이 인디언들에게 공짜 심리를 주는 것이었다고 한다. 마음껏 물질을 대주고 손을 쉬게 했을 때 그들은 향락에 빠져 망하게 되었다는 것이다.

크리스천은 결코 안일한 삶을 살아서는 안 된다.

요셉은 꿈을 이루는 데는 오랜 세월을 인내해야 했다. 어떤 험난한 일을 만나도 하나님의 선하신 섭리를 믿은 것이 요셉의 인내의 근원이었다. 보디발의 집에서나 감옥에서나 그는 선하신 하나님의 손길을 보았다. 꿈을 이루는 길이 험하더라도 하나님이 동행하심으로 달갑게 받을 수 있었던 것이다.

여호와께서 요셉과 함께하시므로 그가 형통한 자가 되어 그 주인 애굽 사람의 집에 있으니 창 39:2

요셉이 옥에 갇혔으나 여호와께서 요셉과 함께하시고 창 39:20,21

하나님은 선하신 분이시므로 선한 꿈을 반드시 이루어주실 것을 확신하도록 가르치는 일은 중요하다. 그리고 꿈이 크면 그만큼의 세월이 걸린다는 것도 가르쳐야 한다.

말세의 인간상의 특징 중 하나가 조급함이다. 요즘 아이들은 성급하기 짝이 없다. 조용히 걸어다니는 것을 보기 힘들다. 이런 조급함이 목표를 쉽게 포기하도록 만든다.

인내는 한 단계 한 단계 끊어서 생각할 때 쉬워진다. 아이가 턱걸이를 한다면 '옳지, 잘한다. 한번만 더' 하는 식이다. 오늘 하루를 성실하고 책임감 있게 산다면 인내의 시간이 훨씬 줄어들 것이다.

꿈을 이루기 위해서는 성실과 책임감을 키우는 준비 학습이 필요하다. 그리고 하나님의 계획 속에서의 준비 기간인 인내도 반드시 필요하다.

감사와 자족이 넘치는 감성

'보기 좋았더라'는 하나님의 정서가 새로운 삶을 사는 크리스천 안에서 회복되어야 한다. 모든 인간의 정서는 그것을 쓰기에 따라 유익한 것이 될 수도 있고 해가 될 수도 있다. 그러므로 감정을 다스리는 교육을 할 필요가 있다.

솔직한 감정을 표현하게 하라

오래 전에 이런 내용의 글을 읽었던 기억이 난다. 어느 경건한 신부가 천국으로 난 오직 한 길만을 걷기 위해 땅만 보고 걸었다. 이윽고 천국에 도착하자 기다리고 계시던 예수님께서 이렇게 물었다.

"길가에 내가 너를 위해 만들어놓은 아름다운 꽃을 보았느냐?"

"못 보았습니다."

"그럼 지저귀는 아름다운 새는 보았느냐?"

"못 보았습니다."

예수님은 점점 섭섭한 표정을 지으셨다.

하나님은 인간에게 많은 것을 주셨다. 아담은 하와를 보고 기뻐하며, "이는 내 뼈 중의 뼈요 살 중의 살"이라고 했다. 그러나 인간이 최초로 범죄했을 때 정서의 변화가 일어났다. 수치심과 두려움과 미움 등의 부정적인 정서가 인간의 마음속을 파고들었다.

'보기 좋았더라'는 하나님의 정서가 새로운 삶을 사는 크리스천 안에서 회복되어야 한다. 모든 인간의 정서는 그것을 쓰기에 따라 유익한 것이 될 수도 있고 해가 될 수도 있다. 그러므로 감정을 다스리는 교육을 할 필요가 있다.

윙크는 《성경교육에 대한 변화를 촉구하며》라는 책에서 인간의 두뇌 활동을 두 가지로 구분하였다. 왼쪽 두뇌는 분석적이며 해석적인 기능으로 나타나서 성경의 과학적 근거, 시대적 상황, 역사적 근거 등을 과학적이고 분석적인 측면으로 이해하도록 하는 기능이며, 인간의 오른쪽 두뇌는 그 기능이 통합적, 영적, 환상적, 경험적 성격을 띠므로 감정적인 요소를 지닌다는 것이다.

그러므로 인간의 두뇌가 전체적인 역할을 해내기 위해서는 양쪽이 고루 성숙되어야 한다는 것이다. 그러나 현대의 과학화나 전문화 시대의 특징으로 인해 오른쪽 두뇌의 영적 차원의 사고력이 점차 상실되어 가고 있다는 것이다.

크리스천들 중에서도 감정을 무시하는 차원에서 교육을 시키거나 감정은 믿음이나 의지의 반작용을 하는 것으로 취급해버리는 경향이 있다. 하나님 앞에서의 경건을 감정을 무시하거나 숨겨버리는 것으로 착각하여 하나님과 동행하는 삶의 기쁨을 잃게 하고 철저한 종교주의자가 되게 하는 경우가 있다. 마치 마가복음 3장에 나오는 바리새인들과 같은 경우이다.

예수께서 안식일에 한 편 손 마른 사람을 고치셨다. 이때 바리새인들은 예수께서 계명을 어겼다는 이유로 예수님을 죽일 작정을 한다. 바리새인들은 한 편 손 마른 사람의 그동안의 고통이나 고침받은 후의 기쁨 같은 감정에는 관심이 없다. 예수님은 바리새인들의 그런 마음의 완악함을 인해 근심하시고 노하신다(막 3:1-6).

많은 크리스천들이 하나님 앞에서의 경건을 오해하고 있다. 하나님 안에서의 경건은 그분을 기쁘시게 하는 일이고 인간의 모든 의지와 감정과 전 인격이 그분을 찬양하는 일이다. 옷이 벗겨지도록 춤추며 하나님을 찬양한 다윗이나, 소고치고 춤추며 하나님을 찬양하는 이스라엘 여인들이나, 예수님의 발을 눈물로 적시고 머리털로 씻어 그 발에 입 맞추고 향유를 부은 여인이나, 뽕나무 위로 올라간 삭개오의 그러한 감동과 표현을 하나님은 기뻐하시는 것이다.

아이들이 예수님께로 나아갔을 때 제자들은 아이들을 꾸짖었다. 아이들의 흥분된 마음과 재잘거리는 소리와 호기심에 어린 눈빛을 그들은 무시한 것이다. 어떠한 감정이든 아이가 자신의 감정을 충분히 드러낼 수 있도록 도와주는 것이 부모의 할 일이다.

한국인들은 그동안 무표정하고 감정을 감추는 교육에 충실했다. 유교적인 예절 교육은 감정을 죽이는 교육에 한몫을 했다. 감정을 드러내는 것은 경솔한 소인배들의 짓으로 몰아붙이면서 성숙한 인격은 감정을 드러내지 않는 것인 양 교육했다.

그러나 감정이 표출되지 않을 때 감정은 점차적으로 마비될 뿐 아니라 인간관계를 맺는 데 문제가 된다. 자신의 감정을 억제할 때 감정에 무감각하게 되면서 타인의 감정도 인정하지 못하게 되기 때문이다. 예수께서 병들어 고통당하는 자들을 고치셨을 때 감탄할 줄도 모르고 규율만 따지는 바리새인 같은 사람이 되는 것이다.

자칫 자녀교육에서도 이러한 잘못을 범하기 쉬운데 그것은 신앙은 의지이지 감정이 아니라고 의지와 감정에 선을 그어 가르치려 하거나 교리에 치우친 교육을 할 때 나타난다. 삶 속에서 기쁨과 두려움, 슬픔 등의 정서는 지극히 자연스러운 것임에도 불신의 소치나 사탄의 장난으로 알고 믿음만을 강요한다면 영, 혼, 육의 고른 성장을 기대하기 힘들다.

누가복음 18장에 한 소경의 이야기가 나온다. 소경은 예수님이 지나가신다는 말을 듣고 보이지 않는 눈을 껌뻑이며 "나를 불쌍히 여기소서"라고 외친다. 사람들이 조용하라고 꾸짖지만 그는 더욱 소리 질러 불쌍히 여겨달라고 한다. 마침내 예수께서 그에게 물으신다.

"네게 무엇을 하여 주기를 원하느냐?"

"주여 보기를 원하나이다."

그는 곧 보게 되었다. 소경은 자신의 감정을 그대로 드러내므로 예수님을 만났다. 예수님은 그에게 원하는 것을 물으셨고 그는 솔직히 대답했고 소원을 풀게 되었다.

아이들이 자기의 감정을 솔직하게 표현할 때 그것을 묵살해서는 안된다. 교육자는 '듣기는 속히 하고 말하기는 더디하라' (약 1:19)는 말씀에 유의해야 한다. 아이가 어떤 감정을 표현할 때 우선 신중하게 들어주어야 한다. 아이 쪽에 서서 그의 감정을 수용해주고 너를 이해한다는 긍정적인 반응을 보여야 한다.

"정말 속이 상했겠구나."

"정말 울고 싶었겠구나."

아이는 자신의 부정적인 감정이 수용될 때 긍정적인 측면으로 상황을 보게 된다. 싸우고 들어온 아이가 친구를 마구 욕할 때, "친구를 욕하면 안 돼" 하는 것보다 "속이 상했겠구나…" 하고 수용할 때 "그렇지만 나도 잘못한 게 있어요" 하게 된다는 것이다.

어느 마을에 술만 먹으면 이 사람 저 사람 붙잡고 자기의 살아온 이야기를 하는 노인이 있었다. 노인은 이야기를 시작하면 얼마나 길게 하는지 사람들이 다 도망갈 정도였다. 어느 날 노인은 그곳에 새로 온 목사님을 붙잡고 이야기를 시작했다. 목사님은 지루하고 힘들었지만 '얼마나 한이 많으면 저럴까!' 하는 측은한 생각에 자신의 무릎을 꼬집어가며 노인의 이야기를 다 들어주었다. 그 후 노인은 말이 줄어들었고 교회에 나와서 그 목사님의 설교를 열심히 들어주었다.

사람은 가슴에 있는 것을 다 털어놓을 때 얽매였던 감정에서 해방될 수 있다.

슬픔을 해소시킬 한쪽 문을 열어 두어라

인간의 감정은 복잡한 것 같지만 슬픔, 기쁨, 무서움, 분노의 4가지로 크게 나눌 수 있다고 한다.

슬픔은 쓸쓸할 때, 허전할 때, 용기를 잃었을 때, 실망했을 때, 창피할 때, 우울할 때 생기는데 이때 받은 상처가 억제될 때는 성장한 후에도 우울한 증상으로 나타나므로 상처받은 즉시 그 감정을 표출시킬 수 있도록 해주어야 한다.

아이의 슬픔의 감정이란 어른들에게는 보잘것없는 것으로 보여 무시하기 십상이다. 하지만 반드시 그 감정을 이해해주고 해소시켜주어야 한다.

나는 어렸을 때의 슬펐던 기억 중 하나가 집에서 기르던 애완용 동물이 죽었을 때였다. 부모님께서 동식물을 사랑하셨기 때문에 처마에는 갖가지 새장이나 여치통이 매달려 있었고, 마당에는 둥근 병아리 장이, 어항에는 붕어들이 있었다.

병아리들이 병이 들면 우리 형제들은 따뜻한 아랫목에서 치료를 위해 온갖 정성을 다하곤 했지만 죽어버릴 때가 있었다. 그럴 때면 우리는 안타까워하며 울곤 했는데 그때마다 부모님은 우리가 마음껏 슬픔을 표현할 수 있도록 도와주셨다. 병아리관을 만들 곽을 비롯해 밑에 깔 솜을 준비해주셨고 병아리를 묻을 땅을 팔 때도 도와주시곤 했다. 우리 형제들은 그렇게 사랑했던 병아리를 떠나보냈다.

나사로가 죽었을 때 마리아의 우는 것을 보시고 예수님께서도 함께 울어주셨다(요 11:33-35). 부모에게도 이와 같이 아이의 슬픔을 함께해 주는 따뜻한 마음이 있어야 한다.

화를 내는 것은 반항심에서 또는 문제 해결이 안 될 때인데 이럴 때는 '내가 너 같아도 화를 냈을 거야 나도 어렸을 때…' 하면서 비슷한 경험을 이야기하면 아이는 속마음을 털어놓는다. 인간은 누구나 공격 성향을 지니고 있으므로 이러한 성질을 알맞게 발산시킬 수 있는 통제 방법을 가르쳐야 한다.

시험이 끝나면 아이들은 긴장이 풀림과 동시에 시험에 대해 화를 내고 있는 것을 볼 수 있다. 그래서 나는 시험이 끝나는 날이면 단체 경기 등 육체적 활동으로 시험 스트레스를 해소하거나 토론 시간을 통해 마음껏 시험에 대해 불평을 늘어놓게도 하고 그 불만을 글짓기로 표현하도록 하기도 했다.

아이들이 화내는 경우는 흔히 있는 일이므로 화를 냈기 때문에 손해본 경험을 말해보게 하거나 그때 왜 화가 났는가 하는 이야기를 통해 감정의 극복이 좋은 결과를 가져온다는 것을 깨닫도록 함이 중요하다.

어떠한 행동을 제지할 때는 하지 말라고만 할 것이 아니라 해소시킬 대상을 찾아주어야 한다. 모세의 온유함과 그가 화를 내며 반석을 쳤을 때의 결과를 들려주고 이와 비슷한 아이들의 경험을 이야기해보게 하는 것도 좋다.

부모들이 명심해야 할 것은 아이의 감정은 이해를 받고 표현할 기회를 가져야 하지만 행동은 제한과 통제를 받아야 한다는 것이다. 마음을 다스릴 수 있는 교육이 필요하다.

노하기를 더디 하는 자는 용사보다 낫고 자기의 마음을 다스리는 자는 성을 빼앗는 자보다 나으니라 잠 16:32

지나친 관용은 오히려 아이를 불안하게 해 나쁜 행동을 유발시킨다. 아이들이 위험한 일을 할 때 제지하지 않는다면 아이들은 우리 부모가 나를 사랑하지 않는다고 비난하게 된다. 제지할 때는 단호하게 해야 한다. "이것은 절대로 안 돼" 하고 분명한 판단을 내려주어야 한다. '된다' 와 '안 된다' 를 분명히 해야 한다는 것이다. 이때 부모가 아이의 눈치를 살피거나 말을 번복해서는 안 되며 아이의 감정을 모욕해서도 안 된다.

또 아비들아 너희 자녀를 노엽게 하지 말고 오직 주의 교양과 훈계로 양육하라 엡 6:4

무조건 못하게 하는 것보다 대상에 대한 기능을 지적해주는 것이 더 효과적이다. "걸상 위에는 서지 마라" 하는 것보다 "걸상은 앉기 위한 것이지 서기 위한 것은 아니다"라고 말하라는 것이다. 아이의 반항심은 '하지 마라' 는 제지가 많을 때 일어나기도 한다. 교육에서는

'하지 마라' 보다 '하라' 는 규칙이 더 많아야 한다. "떠들지 마라" 보다 "조용히 이야기해라" 라는 쪽이 효과적이다.

어떤 것을 하지 말라고 막을 때는 해소시킬 다른 쪽 문을 열어놓아야 한다.

감사와 자족에서 오는 기쁨을 누리게 하라

기쁜 감정은 행복, 용기, 의기, 열의가 있을 때 생기는 것인데 겉으로 표현되지 못하면 없어지고 만다. 기쁨은 삶의 활기를 준다. 또한 항상 기뻐하는 것은 하나님의 명령이기도 하다(살전 5:16).

이스라엘 백성은 어려서부터 부모와 유머를 주고받으며 삶의 여유를 즐긴다고 한다.

한 이스라엘 아이가 어머니께, "어머니 태양이 떨어진 걸 보러 갔다 올게요" 하면서 자리에서 일어났다. 이 경우 우리나라 어머니는 어떻게 대답하겠는가. "쓸데없는 소리 말고 공부나 해" 라고 했을지도 모른다. 그런데 이스라엘 어머니는 이렇게 말했다.

"그러렴. 너무 가까이는 가지 말아라."

아이들도 현대 생활의 단조로움과 구속을 느끼고 있기 때문에 신경질환 환자가 늘고 있다고 한다. 가정의 분위기를 명랑하게 하여 마음의 여유를 주는 일은 중요하다. 유머는 감정을 정화시킨다.

오랫동안 기다려야 하는 종합병원 대기실에서 차례를 기다리느라고 지치고 짜증스러울 때 아기를 안고 있던 어느 어머니가 가방을 뒤적거리더니 신문지 조각을 꺼내보며 활짝 웃었다. 그 신문 기사는 한 어머니가 자녀를 쌍둥이로 몇 십 명을 낳았다는 해외토픽 기사였다. 그 지혜로운 어머니는 화나고 짜증날 때 웃기 위해 그 신문 조각을 예비해두었던 것이다. 비공격적인 유머 감각을 익힐 수 있도록 부모나 교사 자신이 웃음을 창출해내는 사람이 되어야 한다.

기쁜 감정은 생각에 따라 좌우된다. 그러므로 어떠한 환경이나 조건 속에서도 기뻐할 수 있도록 사고를 변화시킬 수 있는 능력을 길러주는 것이 바람직하다. 문학 작품을 읽히거나 어려운 환경 속에서도 기뻐하는 인물을 모델로 제시하는 것도 좋은 방법이다.

지하 감옥 속에서 '기뻐하라'고 했던 바울이나 공산 치하에서 14년간 감옥살이를 하면서도 감방 속에서 하나님과 천사들의 세계를 상상할 수 있었고 지나온 생애에 있었던 사랑스런 일들을 다시 살려낼 수 있어서 기뻤노라는 리차드 범브란트 목사님의 이야기도 좋을 것이다.

기쁨은 건전한 것에 의한 감정일 때 만족함을 느낀다. 세상 쾌락에 의한 거짓 기쁨에 물들기 전에 자녀들에게 높은 가치의 기쁨을 맛보게 하자.

옛날에 어떤 왕이 길을 가다가 기쁨에 가득 찬 노랫소리를 들었다. 노랫소리를 따라가 보니 물레방앗간 주인이었다. 왕은 그에게 무엇이 그렇게 기쁘냐고 물었다. 물레방앗간 주인은 기쁨에 가득 찬 얼굴로 대답했다.

"하나님께서 제게 이렇게 좋은 일거리를 주셨는데 제가 왜 기쁘지 않겠습니까."

그 말을 들은 왕은 '이 사람이야말로 나보다 행복한 사람이로구나!' 라고 중얼거렸다.

기쁨은 자족하는 비결을 배우는 데서 생긴다.

> 내가 주 안에서 크게 기뻐함은 … 어떠한 형편에든지 내가 자족하기를 배웠노니 내가 비천에 처할 줄도 알고 풍부에 처할 줄도 알아 … 일체의 비결을 배웠노라 빌 4:10-12

자족하고 살 수 있게 하려면 모든 일에 감사하는 법을 가르쳐야 한다. 그것은 기도하는 생활에서만이 이루어질 수 있다.

데살로니가전서 5장 16절에서 18절의 "항상 기뻐하라 쉬지 말고 기도하라 범사에 감사하라 이는 그리스도 예수 안에서 너희를 향하신 하나님의 뜻이니라"라는 말씀은 상호의존적인 말씀이다. 기도할 때 기뻐하고 감사할 수 있으며, 감사할 때 기뻐할 수 있으며, 기뻐할 때 감사할 수 있다. 부모의 언어가 늘 '감사하구나, 감사하구나' 하면 자녀도 그렇게 할 것이다.

시험지 한 장만 받아도 '감사합니다'를 연발하며 기뻐하는 아이가 있었다. 교단에서 내려다보면 그 아이의 주위는 환한 빛으로 둘러싸인 듯 그 주변에 앉은 아이들의 얼굴까지 환해 보이곤 했다. 그런데 그 아이의 어머니를 만났을 때 마치 삶의 구석구석에서 감사할 수 있는 것을 찾고 있는 듯 어머니의 입에서 '감사합니다'가 계속 나오고 있었다.

자녀교육에 있어서 중요한 것은 자녀가 예수 안에 사는 삶에서 기쁨을 느낄 수 있도록 하는 일이다. 자녀들이 믿는 부모를 멸시하거나 신앙에 회의를 느끼거나 신앙생활을 지겨워하는 것을 볼 수 있다. 그것은 하나님을 만나는 즐거운 경험을 갖지 못했기 때문이다.

한 아이가 하나님을 미워하고 있었다. 그 이유는 그 아이의 집에서 날마다 가정예배를 드렸는데 장로인 아버지가 어린아이를 전혀 고려하지 않고 예배를 드렸던 것이다. 기도는 어른 위주로 길고 어려운 말을 썼고 성경은 창세기부터 모조리 읽어내려갔다. 찬송 역시 어른 본위로 택했다. 예배 시간이 그 아이에게는 고역의 시간이었다. 엄한 부모 때문에 꼼짝 않고 앉아 있었지만 속으로는 늘 불만이었다. 이 아이는 이런 고통을 날마다 받아야 하는 것은 하나님이 계시기 때문이라고 생각했고, 결국 하나님을 귀찮은 존재이고 고통을 주는 분이라고 인식하게 된 것이다.

기쁘고 즐겁고 행복한 경험 속에서 아이가 하나님을 만나게 해야 한다. 그래야 하나님과 늘 함께 살기를 원하게 되기 때문이다. 예배는 즐거운 것이라는 경험을 갖게 해주어야 한다. 부모나 교사는 하나님 위주의 경건하면서도 즐거운 예배를 위해 고심해야 한다. 부부는 함께 예배를 위해 기도하고 창의적이고 즐거운 예배를 위해 의논해야 한다.

가족이 악기를 사용하여 하나님을 찬양하고 기존에 있는 곡에다 작사를 다시 해보는 시간을 갖는 것도 좋다. 악기는 아이들이 학교에서 사용하는 탬버린, 트라이앵글도 좋고 병이나 수저를 이용한 것도 신선하고 즐겁다.

성경을 암송할 때 동작을 아이들이 만들어 외우게 하면 무척 즐겁게 외운다. 성경 말씀을 줄거리로 즉흥곡을 만들어보거나 효과를 넣어 읽어보게 하고 성도를 초청하여 간증을 듣는 시간을 가져봄도 좋을 것이다. 때로는 고요한 밤 촛불 예배도 드리고 무언극으로 하나님을 찬양하게도 한다. 아이들에게 성경 주제를 주면 인형극을 멋지게 연출하는 것을 볼 수 있다. 아이들은 오히려 어른보다 쉽게 즐거움을 창조해나간다.

인간은 어린 시절 추억을 반추하며 사는지도 모른다. 어린 시절 아름답고 즐거운 추억을 많이 체험한 사람은 어른이 되어서도 행복하다. 그러므로 아이들이 아름다운 추억을 많이 갖도록 부모가 노력해야 한다.

하나님께서 이스라엘을 대적하는 세력을 물리치실 때 얼마나 재미있고 때로는 황당한 것 같은 방법을 동원하셨는지 생각해보면 즐겁다. 크고 높을 뿐 아니라 단단하고 고집스러워 보이는 여리고 성을 어린아이들 장난하듯 빙빙 돌게 하시고 미디안을 물리치실 때 기드온에게 나팔과 빈 항아리 속에 횃불을 감추어 들고 적진으로 들어가 일제히 나팔을 불고 항아리를 부수어 적을 놀라 도망가게도 하셨다. 갈멜산에서의 엘리야와 바알 선지자들의 대결은 또한 얼마나 통쾌한가.

홀륭하게 자녀를 교육한 한 부부의 이야기에 크게 감명을 받은 적이 있다. 그들은 자녀들의 생일 때나 크리스마스 때면 아무데서나 흔히 볼 수 있는 장난감 대신 시장을 온통 다 뒤져 특이한 것을 구했고 다양한 재료를 이용해 직접 만든 선물을 주기도 했다고 한다.

하루는 '하늘나라 편지' 라고 이름 붙인 두루마리 편지를 만들기 위해 부부는 밤을 새웠다고 한다. 먼저 종이에 자녀들에게 당부하고 싶은 내용을 적은 다음 과일즙과 파라핀을 이용하여 글씨가 보이지 않게 덮었다. 두루마리를 천천히 촛불에 쬐자 글씨가 하나씩 드러나고 아이들은 너무나 즐거워했다.

토요일 저녁이면 '착한 아이 시상식' 을 했는데 일주일간 아이들이 한 착한 일을 기록했다가 수상자로 뽑힌 아이가 집 안에 숨겨둔 과자를 찾아서 형제가 함께 나누어 먹도록 했다는 것이다. 가정의 즐거움을 어려서 맛본 자녀들은 결코 세상 속에서의 기쁨을 추구하려 하지 않을 것이다.

우리 자녀들이 '우리 집은 하나님이 주인이시므로 다르다' 는 자긍심을 갖고 하나님의 자녀됨을 즐겁게 받아들이도록, 선민으로서 기쁨의 삶을 살 수 있도록 키우는 것은 크리스천 부모들의 사명이기도 하다.

**사랑의 안전함으로
두려움에서 해방시켜라** | 나는 어렸을 때 통학거리가 먼 학교를 다닌 적이 있었다. 친구끼리 모이면 종종 지름길인 철다리라는 곳을 건

너 다녔는데 그곳은 기차가 지나가는 다리로 널판 사이로 시퍼런 강물이 그대로 들여다보였다. 그 다리 위에서 가졌던 두려움의 감정이 성인이 된 후에도 꿈속에 나타나곤 하여 예수님께 치유를 기도한 적이 있다.

두렵다는 아이의 감정이 무시될 때 심리적으로 건강하게 자라지 못한다고 한다. 사람들로부터 고립되거나 스스로를 불안하게 만들어 간다는 것이다. 그러므로 어른이 보기에는 엉뚱해보이는 아이들의 두려움이라고 묵살해버려서는 안 된다. 아이들의 두려움은 환상적인 면이 내포되어 있으므로 어른들이 보기에는 실없는 일로 보일지 몰라도 아이들에게는 심각한 경우도 있다.

아이들의 두려움은 동물, 탁 트인 넓은 공간, 밀폐된 공간, 이상하거나 생소한 곳, 새로운 음식, 어두움, 예기치 못한 소음, 알지 못하는 것, 모든 종류의 기계들, 죽음 등으로 아이들은 두려움을 '싫어하는 것'으로 표현한다. 아이들의 두려움이 때론 실존적인 인간의 문제인 경우도 있다. 여섯 살 난 사내아이인 조카가 어느 날 이런 말을 했다.

"할머니들은 좋겠다, 병도 안 나고. 나도 할머니였으면 좋겠어. 할아버지는 늙으면 병이 들잖아. 나는 할아버지가 되기 싫은데…."

묘하게도 친할아버지, 외할아버지가 번갈아 병원에 입원하신 걸 보고 아이는 병들고, 늙고, 죽는 것에 대해 막연한 두려움을 느꼈던 것이다.

어떤 책에서 두려움의 감정을 가진 아이를 유희 요법으로 고치는 것을 보았다. 찰흙으로 두려움의 대상을 만들게 하고 그것을 부수어 버림으로 두려움에서 해방되게 하는 것이었다. 두려움의 대상을 그림으로 그리게 하거나 연극을 통해 무찌르는 배역을 맡게 해서 지도할 수도 있고, 약한 주인공이 강한 자를 이기는 내용의 책을 읽힐 수도 있으며 대화를 통해 치료할 수도 있고, 내가 갖고 있는 두려움에 대해 그리고 용기에 대해 마음껏 이야기할 수 있도록 토론의 자리를 만들어 주는 것도 좋다.

그러나 크리스천 교육에서는 좀 더 폭을 넓혀 사랑의 안전함에 대한 신뢰로 아이들을 두려움에서 해방시켜야 한다. 부모의 구체적인 보호와 사랑 속에서 아이는 평안을 느낀다. 언젠가 책에 실렸던 한 가정의 이야기를 읽고 매우 마음 아팠던 적이 있었다.

부부는 돈을 벌러 나가기 위해 아이를 어두운 방에 가두어놓곤 했다. 아이는 어두운 공간 속에서 두려움에 떨며 지냈다. 후에 부모는 부자가 되었고 자녀는 성장했으나 항상 두려움에 떨며 누구도 만나려 하지 않고 어두운 방 안에서 짐승처럼 웅크리고 일생을 보냈다는 것이다.

사랑의 고갈로 인해 자녀가 두려움을 느끼며 살 때 얼마나 비참한 일들이 일어나는지 모른다. 어떠한 상황에 있더라도 부모의 따뜻한 품에 안긴 아이는 폭포수 옆의 구멍 난 둥지에서 어미새에게 안겨 잠든 새끼새처럼 안식을 느낄 것이다.

부모는 두려움에 떠는 자녀의 여린 어깨를 품어주며 하나님의 보호하심과 사랑하심과 인도하심의 이야기를 들려주어야 한다. 자녀가 부모의 품을 떠나 인생의 길을 갈 때를 예비하기 위해 변함없이 손을 잡아 주시고 품어주시는 하나님께 인도해야 하는 것이다.

마치 독수리가 그 보금자리를 어지럽게 하며 그 새끼 위에 너풀거리며 그 날개를 펴서 새끼를 받으며 그 날개 위에 그것을 업는 것 같이 여호와께서 홀로 그들을 인도하셨고 함께한 다른 신이 없었도다 신 32:11,12

사랑의 하나님만이 피난처가 되시고 산성이 되시고 방패가 되심을 신뢰하도록 자녀를 하나님께 데려가야 한다.

여호와를 경외하는 자에게는 견고한 의뢰가 있나니 그 자녀들에게 피난처가 있으리라 잠 14:26

크리스천 자녀들이 하나님을 오히려 두려움의 대상으로 생각할 때가 있다. 그것은 보이지 않는 것을 두려워하는 아이의 특성 때문이기도 하지만 그보다 부모와 교사들이 하나님을 벌주시는 분으로 인식하도록 생활 속에서 은근히 가르치기 때문이다.

"그러면 하나님께 혼난다"라는 식의 지도는 옳지 않다. 물론 하나님의 사랑에는 공의가 포함되지만 하나님의 용서의 은총이나 사랑은 우리를 두려움과 위험에서 구원해주신다는 것을 가르쳐야 한다.

사자굴 속에서, 불타는 풀무 속에서 다니엘과 그 친구들을 구하신 하나님을 아이의 의식 속에 내면화해야 하며, 크리스천의 참다운 용기는 하나님을 전적으로 의뢰하는 믿음으로부터 옴을 가르쳐야 한다.

부정적인 감정이 지나친 아동의 경우, 달력 밑에 즐거웠을 때는 ☆표, 슬펐을 때는 ○표, 화가 났을 때는 ×표 식의 '감정일기'를 적게 하여 어떤 감정을 자주 나타내고 어떤 감정을 적게 나타내는지 알아보고 부모와 함께 대화를 나누며 좋은 감정을 향상시켜 나가는 것도 좋을 것이다.

이때 조심할 일은 감정일기가 질책의 자료가 되거나 아이들이 자신의 감정을 감추게 하는 역효과를 내게 해서는 안 된다는 것이다.

자녀가 감정을 투명하게 드러내게 하려면 부모가 하나님과 사람 앞에 진실하게 자신을 드러내야 한다. 감정이 드러날 때 문제가 해결되며 의사소통이 원활할 수 있고 마음의 상처도 치유하게 된다.

믿음에서 나오는 자신감

'하나님이 나를 사랑하신다, 기뻐하신다, 그래서 나를 인도하시고 그것을 나에게 주신다'는 것이 자신감의 전부이다. 이런 선포를 할 수 있는 자는 어떠한 과정 속에서도 합력하여 선을 이루실 하나님을 믿음으로 바라볼 수 있다.

하나님의 함께하심에서 오는 자신감

인간과 짐승의 다른 점은 인간은 흙과 하나님의 생기로 되어 있고, 짐승은 흙으로 되었다는 것이다. 인간은 죄로 인해 흙된 자신의 몸을 보게 된다. 인간 범죄 후 하나님은 사람에게, "너는 흙이니 흙으로 돌아갈 것이니라"(창 3:19)라고 하셨다.

이것이야말로 인간에게 가장 치명적인 상처였다. 짐승의 본능이 드러날 때마다 인간은 수치로 인해 하나님과 자신과 타인과 자연 앞에서 자신을 숨기려 한다. 그런 인간의 수치를 담당하시기 위해 예수 그리스도는 십자가 상에서 옷을 벗기우시고 높이 달리셨다. 그러므로 인간의 올바른 자신감의 회복은 오직 하나님과의 관계가 정립된 자에게만 가능하다.

현대 교육은 자신감을 격려한다. 그러나 하나님과 결속되어 있지 않은 자신감은 오히려 자신의 허무성만 드러내고 만다. 하나님의 형상이 파괴되고 흙인 자신의 몸이 드러나자 인간은 두 가지 반응으로 수치를 감추려 했다. 숨는 일과 무화과나무 잎을 엮어 치마를 만든 일이었다. 다시 말하면 자신감을 죽인 채 살거나 인간 행위로 자신감을 회복시키려는 노력을 하며 사는 것이다.

그러나 예수 그리스도의 의를 덧입고 하나님 앞에 '내가 여기 있나이다' 하고 나가기 전에는 무화과 잎을 엮고 또 엮는 교만한 행위로 자신의 무능에 대한 자책과 허무감만 쌓이게 될 것이다.

하나님께 의존하지 않은 자만심으로 인해 오히려 파멸의 길을 걷는 사람의 예가 성경에 나온다.

하나님의 명령을 무시한 삼손, 승전 후 자기의 기념비를 세우고 순종치 않은 사울, 바벨론 궁 지붕을 거닐며 "이 큰 바벨론은 내가 능력과 권세로 건설하여 나의 도성을 삼고 이것으로 내 위엄의 영광을 나타낸 것이 아니냐"(단 4:30)라고 했던 느부갓네살, "다 주를 버릴지라도 나는 언제든지 버리지 않겠나이다"(마 26:33) 라던 베드로의 자신감이 얼마나 허무하게 부서져버렸는지 성경은 우리에게 가르쳐준다.

하나님을 배제한 채 자신감과 적극성을 격려하는 현대 교육은 오히려 하나님을 대적하는 인본주의의 바벨탑을 쌓는 격이 되고 말았다.

부모들이 교사에게 원하는 것 중에 하나가 자신의 자녀가 자신감을 갖도록 해달라는 것이다. 그러나 지나친 자신감의 조장은 경쟁심을 부추기거나, 남을 무시하는 교만과 우월감으로 나타나는 수도 있다.

매스컴의 영향으로 말솜씨가 좋아진 아이들의 겉모습만 보고 꽤 자신감이 있으리라는 생각을 했다가 실망하는 경우가 많다. 정작 어떤 일에 부딪치면 숨어버리는 것이다. 이것은 창조주께 자녀를 맡기지 못한 채 불안에 싸여 과잉보호를 하는 부모 탓이다.

그로 인해 아이들은 갖가지 일에 부딪쳐보고 경험해봄으로 얻을 수 있는 삶에의 자신감을 얻지 못한다. 아이들의 자신감은 작은 일을 처리하는 경험이 쌓여 큰일을 처리할 때의 성취감에서 생기는데 그것이 무시되었기 때문이다.

하나님을 만난 사람들은 자신이 가장 자신 없을 때 하나님의 자신감을 갖게 되어 성공한다. 애굽의 왕자로 이스라엘 백성을 구할 수 있다는 생각에 자신만만했던 모세가 애굽에서 쫓겨나 이드로의 양무리를 치며 자신감이 다 죽었을 때 하나님은 떨기나무 불꽃 가운데서 그를 부르셨다.

내가 누구관대 바로에게 가며 이스라엘 자손을 애굽에서 인도하여 내리이까 출 3:11

모세는 하나님 앞에서 자신이 움츠러든 채 거절하나 하나님은 모세에게 지팡이를 들려줌으로 하나님께 의존된 자신감을 고양시키신다.

하나님은 내 힘으로 무언가 해보겠노라는 자신감 있는 사람보다 나는 할 수 없노라는 사람들을 보내신다.

주 여호와여 보소서 나는 아이라 말할 줄을 알지 못하나이다 렘 1:6

이러한 사람일수록 하나님을 철저히 의뢰하기 때문이다. 크리스천의 자녀교육에서 자신감을 위한 교육은 하나님과의 관계 회복과 함께 전적인 피조물로서의 의뢰심을 배양시키는 데서 시작해야 한다.

자신감은 교육의 동기유발이 된다. '할 수 있다고 생각하느냐', '할 수 없다고 생각하느냐'는 '하려고 하느냐', '하지 않으려고 하느냐'를 좌우하기 때문이다.

1학년을 담임했을 때 아이들에게 학습 지시를 하면 맨 앞에 앉아 있던 아이가 벌떡 일어나서, "못해요~오"를 길게 뽑아 대답하곤 했다. 나는 말씀을 통해 하나님이 도와주시므로 우리는 무엇이든 할 수 있다고 가르쳤다.

그런 어느 날 아이들에게 할 일을 지시하고 돌아서려는데 그 아이가 또 벌떡 일어나, "못해…"라고 하려는 순간 나는 얼른 그 아이를 내려다보았다. 나와 눈이 마주치자 아이는 "그래, 참! 하나님이 손도 주시고 발도 주셨으니까 뭐든지 할 수 있는 거지"라고 했다. 나중에 알고 보니 그 아이의 뒤에는, "우리 아이, 정말 못하지요? 정말 실망이 돼요" 하는 부모가 있었다.

부모의 지나친 기대는 아이들을 부담스럽게 하지만 능력주시는 하나님 안에서 자녀의 능력을 믿어주면 믿음대로 된다. 교육학자들은 인간에게 있어서 자신감은 8개월부터 18개월 사이에 특히 발달한다고 말하나 믿음 안에서 부모의 기대는 늘 충전되어 있어야 할 것이다.

교육의 '피그말리온 효과'라는 게 있다. 평범한 아이들 집단에 대해 교사가 '이 반은 천재만 모여 있는 반'으로 알고 기대하며 학습한 결과 그 반 아이들의 지능보다 훨씬 높은 성과를 거두었다는 것이다.

> 희망을 가능케 하는 부모는 자녀 자신이 자기의 성장 능력을 믿을
> 수 있는 것보다 더 자녀의 성장 능력을 믿어야 한다   — 크라인 벨

예비지식을 통해 자신감을 고양시키라

민수기 13장과 14장에는 가나안 땅을 탐지하러 갔던 열두 사람의 이야기와 이스라엘 회중의 반응에 대해 나온다. 먼저 모세가 이들에게 가나안 땅을 탐지하게 한다.

> 모세가 여호와의 명을 좇아 바란 광야에서 그들을 보내었으니 민 13:3

이것은 부모가 자녀에게 어떤 일에 부딪치는 경험을 제공해야 한다는 것이다. 각종 아이들 캠프에도 가게 하고, 여행도 떠나게 하고, 먼 길을 심부름도 시키고, 또래끼리 모여 선한 일을 꾸며 일을 추진할 기

회도 주는 것이다. 집 안에서도 어떠한 일에 책임을 주어서 그것을 통해 성취감을 맛보도록 숨어서 도와주고 격려해주어야 한다. 자녀를 집 밖으로 내어놓기를 두려워하지 말고 집 안에서 모세처럼 기도하는 부모가 되라는 것이다.

모세는 열두 정탐꾼을 보낼 때 예비지식을 그들에게 준다(민 13:17-20). 자녀에게 예비지식을 주는 것은 자녀들의 자신감을 매우 고무시키는 일이다. 학교교육에서도 예습 위주의 가정 학습을 복습 위주의 교육보다 중요시 여기는 것은 미리 준비해온 학습으로 인해 학습에 대한 자신감을 북돋울 수 있기 때문이다. 다음날 배울 내용을 가정에서 예습하도록 할 때 아이는 학습에 대한 자신감을 갖게 될 것이다.

지적 학습뿐만 아니라 생활 속에서 예비지식을 주는 일은 삶을 담대하게 한다. 관공서나 시장에 데리고 가서 서류 취급법이나 물건 고르는 법 등에 대한 예비지식을 줄 수도 있고, 경찰관이나 소방관, 집배원 아저씨 등과 잠깐 대화를 나눌 기회를 만들어주면 인간관계가 더욱 원활해질 것이고 사회봉사에도 협조적이 될 것이다. 학문의 길이거나 사회적인 준비거나 영적인 훈련을 준비시키는 일은 모두 중요하다.

느헤미야 역시 예루살렘 성을 재건할 때 아닥사스다 왕에게 필요한 것을 청구할 수 있었던 것은 그가 지형과 인물에 대한 예비지식을 갖고 있었기 때문이었다(느 2:8).

다니엘과 세 친구들이 바벨론 왕의 포로가 되었을 때도 자신감에 넘쳤던 것은 그들이 지식과 학문 등에 고루 준비되어 있었기 때문이다.

곧 흠이 없고 아름다우며 모든 재주를 통달하며 지식이 구비하며 학문에 익숙하여 왕궁에 모실 만한 소년을 데려오게 하였고 그들에게 갈대아 사람의 학문과 방언을 가르치게 하였고 단 1:4

자녀들이 학문과 재주와 지식에 통달할 수 있도록 부모나 교사들은 준비시켜야 한다. 특별히 자녀를 세계적인 인물로 키우려면 세계의 지형과 인물과 세계사에 관심을 갖고 도전할 수 있도록 환경을 조성해야 한다. 하나님은 준비된 자신의 백성을 통해 세상을 하나님의 나라로 넓혀 가시기를 원하기 때문이다.

다시 민수기로 돌아가 보면 모세가 열두 명에게 예비지식을 준 후 가나안 땅의 실과를 가져오라고 한다.

담대하라 또 그 땅 실과를 가져오라 하니 그때는 포도가 처음 익을 즈음이었더라 민 13:20

이것은 일을 통해서 열매를 따는 어떤 성취감을 맛보게 하려는 것으로 교육자가 포도가 처음 익을 즈음이라는 것을 알고 지시했다는 데 그 가르침의 묘미를 배울 수 있다. 일을 시킬 때 먼저 성취할 수 있는 작은 일부터 시켜서 격려해야 한다. 일에 대한 칭찬은 아끼지 않아도 좋을 것이다. 인격에 대한 칭찬은 아이들이 부담감을 가질 수 있으나 일 자체에 대한 칭찬은 성취감을 맛보게 하는 데 꼭 필요하다.

학습에 뒤쳐지는 1학년생 아이가 있었다. 늘 밑도는 점수를 받곤 했는데 어느 날 국어 받아쓰기 0점, 산수 70점을 받았다. 그 아이는 나에게 와서 이렇게 말했다.

"선생님, 나 산수 박사지요?"

"그럼, 그럼. 산수 박사지, 국어 박사도 될 거야."

"알았어요."

아이는 어깨를 으쓱거리며 제자리로 들어갔다. 작은 어깨에 자신감이 넘쳐 있었다.

공동체 속에서 자신감을 훈련하라

모세는 정탐꾼을 열두 명 보냈다. 공동체 의식에서 바른 자신감이 형성된다. 홀로는 자칫 이기적인 자신감을 키우기 쉽다. 지도자적인 훈련은 공동체 속에서 이루어진다. 인간관계 형성에 대한 자신감 역시 공동체 속에서 자신의 위치를 알고 협력할 때 이루어진다.

어려서부터 교회 생활 속에서 책임을 맡기는 것은 중요하다. 성가대에서 봉사하게 하거나 부장 제도를 만들어 부장 역할을 번갈아가며 맡게 하거나 그 부의 아이들에게 엽서를 보내거나 전화를 하여 출석토록 하는 일을 맡기거나 아침 일찍 교회에 나가 휴지줍기를 하게 하거나 부별로 성극을 하게 하는 것도 좋다.

공동체 속에서의 질서 의식도 함양시켜주어야 하며 저학년인 경우

는 '하늘나라' 와 같은 주제를 주어 협동화를 그려보게도 하고 고학년
인 경우는 토론의 주제를 주어 토론을 통해 바른 회의법도 알려주어
야 한다. 시골 교회에서는 동물 기르기나 화단이나 채소밭 가꾸기를
담당시키는 것도 매우 효과적이다.

가정에서도 가정의 일원으로서의 위치와 해야 할 일을 분명히 알고
화분 가꾸기나 유리창 청소 등 분배된 일을 처리하며 성취감을 맛보
게 하고 특히 동생을 돌보고 가르치는 일을 하게 하거나 여러 성도의
가족들이 함께 야외로 나가 공동생활을 통해 서로 섬기는 일을 하게
하여 인간에 대해서 서로 돌볼 책임이 있음을 배움으로 지도자적인
자질을 키울 수 있다.

정탐꾼이 가나안 땅을 탐지하고 돌아와서 가나안 땅을 악평하고 자
신들을 스스로 메뚜기 같았다고 좌절하며 모세와 아론뿐 아니라 하나
님까지 원망할 때 모세와 아론은 이스라엘 자손의 온 회중 앞에서 엎
드린다.

자녀들이 어떤 일을 하다가 좌절하는 경험을 할 때가 있다. 그러면
그들은 일에 실패한 이유로 환경을 탓할 것이고 자신감을 잃을 것이
며 부모를 원망하고 나아가 하나님까지 원망하게 될 수도 있다.

그때는 모세와 아론 같이 하나님 앞에 엎드려야 하고, 갈렙과 여호
수아와 같이 이스라엘 안에도 긍정적인 사람이 있었듯이 적극적인 아
이의 내면의 힘을 격려해야 한다. 다시 말하면 아이 내면의 세계에 열
명의 정탐꾼과 같은 부정적인 요소와 갈렙, 여호수아와 같은 긍정적

인 면이 있음을 고려하여 지도해야 한다는 것이다.

자신감에 대한 부정적인 요소와 긍정적인 요소는 문제를 확대시켜 보는 데서부터 시작된다. 아이가 문제를 볼 때에 너무 크게 보지 않도록 해야 한다. 문제를 강하고 견고하고 심히 크게(민 13:28) 보면 자신감을 잃고 만다. 다윗이 거인인 골리앗을 시냇가의 돌 다섯과 막대기로 쓰러뜨릴 작은 자로 보았을 때 골리앗은 홍안의 소년인 다윗을 칼과 창과 단창을 가지고 물리쳐야 할 큰 자로 보았다(삼상 17:40-45).

문제를 해결할 때 부모나 교사는 아이의 자신감을 북돋아주어야 하는데 그러기 위해서는 성공했던 일을 상기시켜주고 일은 작고, 쉬운 일부터 조금씩 할 수 있도록 배려해주어야 한다. 메뚜기처럼 뛰지 말고 한 숟갈 한 숟갈 밥을 먹듯 일을 처리해나가도록 도와주는 것이다. 그릇된 행동을 고치는 방법 중에 하나가 '오늘 하루만 고치자', '지금 한 시간만 고치자' 하는 식으로 수정해나가는 것이라고 한다.

자녀들이 자신감을 잃고 환경을 원망할 때는 환경에는 바꿀 수도 있지만 바꿀 수 없는 것도 있음을 가르쳐주고 환경을 바꾸려 하지 말고 의식을 바꾸도록 격려해주는 것이 좋다. 사실 환경 자체나 어떤 조건이 문제가 아니라 그것을 대하는 인간의 의식이 문제이다. 그러므로 자녀들에게 늘 긍정적인 면을 보도록 지도하는 것이 중요하다.

바꿀 수 없는 환경이라면 밝은 쪽으로 생각하도록 교사나 부모의 언어가 늘 긍정적이어야 한다.

"더 좋은 방법이 있을 거야."

"그 일은 아주 잘 됐구나. 이 일도 잘 될 거야."

자녀의 입에서 실패의 책임을 남에게 미루는 말이나 남을 비판하는 말이 나오는 것을 결코 허용해서는 안 된다. 특히 부모나 하나님을 원망하는 일은 용서되지 않음을 가르쳐야 한다.

민수기에서 부정적인 열 사람의 감정이 순식간에 이스라엘 백성에게 전파된 것을 볼 수 있다. 부정적인 세력은 확산하는 힘이 큰 데 반해 긍정적인 면은 대적의 공격을 받는다는 것을 아이에게 알려주는 것도 중요하다.

학급에서 한 아이가 "못해요" 하면 여기저기서 덩달아 "못해요" 하는 아이가 생긴다. 그러므로 부정적인 세력은 늘 다수이다. 자녀들에게 분별력을 길러주어 다수의 의견이 반드시 옳은 것만이 아님도 알려주어야 한다. 위인들의 이야기에서 이런 자료들은 풍성히 얻을 수 있다.

지도자는 소수의 의견에도 귀를 기울일 줄 알아야 한다. 다수의 무리에게 만족을 주고자 예수님을 십자가에 못 박은 빌라도의 어리석음이나 참 선지자들을 대적하는 거짓 선지자들의 이야기가 아니더라도 국가와 남을 위해 헌신했던 인물들의 고독을 가르쳐야 한다.

고학년 아이에게는 갈등 상황에 대해 주제를 제시하고 '과연 나라면 어떻게 했을까?'를 이야기해보게 하는 일도 중요하다. '내가 갈렙이라면?', '내가 여호수아라면?' 하는 사고와 함께 '열 정탐꾼은 왜 그렇게 부정적이었을까요?'를 토론해봐도 좋을 것이다. 자신감은 확고한 지적인 동의를 필요로 한다. 성경공부를 시킬 때 이 일이 사실이냐 아니냐를 따지게 하는 것이 아니라 이 일을 통해 주님께서 나에게 무엇을 가르치려 하시는가에 중점을 두라.

갈렙에게는 여호수아가, 여호수아에게는 갈렙이 있었기 때문에 그들은 좀더 자신 있게 부정적인 요소를 대적할 수 있었다. 그러므로 긍정적인 친구와 사귀게 해야 하며 자녀와 가까이 지내는 친구에게 부모는 관심을 가져야 한다. 자녀에게 긍정적인 대화자를 많이 사귀게 해주는 것이 중요하다.

부모의 믿음에서 배우는 자신감

어느 날 어린 조카의 기도를 들으며 아차 싶었던 때가 있었다. 갓 결혼한 작은 아버지 가족을 위해 기도하는데 "우리 작은 아빠 집에 도둑이 들지 않게 해 주세요" 라는 것이었다. 식구들이 둘러앉아서 신혼 가정만 턴다는 강도 이야기를 하며 걱정한 것을 아이는 무심코 듣지 않았던 것이다.

민감한 아이들이 부모의 기도하는 모습에서 오히려 근심하는 걸 배우는 것을 볼 수 있다. 집안에 어려운 일이 날 때만 집중해서 기도한다거나 부모의 기도가 감사보다는 구하는 것의 비중이 클 때 그러하고, 어른들의 무심코 던지는 말 한 마디에서도 그러하다.

집안의 부정적인 요소들, 근심과 고통의 요소들을 내모는 것은 부모가 할 일이다. 부모 자신이 먼저 자신과 자녀를 위해 하나님께서 무엇을 해주실 것이라는 확신을 가져야 한다.

벙어리 귀신 들린 아들을 데리고 예수님께로 온 아이의 아비는 "무엇을 하실 수 있거든 우리를 불쌍히 여기사 도와주옵소서"(막 9:22)라고 자신 없이 말한다. 이때 예수님께서는 그 아이의 아비를 나무라신다.

할 수 있거든이 무슨 말이냐 믿는 자에게는 능치 못할 일이 없느니라 막 9:23

예수님의 말씀을 듣고 아이의 아비가 소리를 질러 대답한다.

내가 믿나이다 나의 믿음 없는 것을 도와주소서 막 9:24

자녀의 자신감은 부모의 믿음의 확신과 결부되어 있다. 능치 못할 일이 없으신 하나님을 믿으니 내게 능치 못할 일이 없노라는 자신감 있는 고백을 하는 부모의 자녀가 자신감 있게 자랄 수 있는 것이다.

여호수아와 갈렙이 부정적인 마음 때문에 자폭할 듯한 이스라엘 백성 앞에서 담대히 선포한다.

여호와께서 우리를 기뻐하시면 우리를 그 땅으로 인도하여 들이시고 그 땅을 우리에게 주시리라 민 14:8

모든 문제의 해결점은 여호와께 있다는 선포이다. 하나님의 뜻에 달려 있다는 것이다. 모든 문제의 주인이신 하나님이 나를 기뻐하신다는 것이 문제 해결의 열쇠이다. 하나님이 나를 기뻐하신다는 믿음이 자신감의 근원이다. '하나님이 나를 사랑하신다. 기뻐하신다. 그래서 나를 인도하시고 그것을 나에게 주신다'는 것이 자신감의 전부이다. 이런 선포를 할 수 있는 자는 어떠한 과정 속에서도 합력하여 선을 이루실 하나님을 믿음으로 바라볼 수 있다.

> 오직 여호와를 거역하지 말라 또 그 땅 백성을 두려워하지 말라 그들은 우리 밥이라 그들의 보호자는 그들에게서 떠났고 여호와는 우리와 함께하시느니라 그들을 두려워 말라 민 14:9

하나님을 거역하지 않는 삶, 그것이 자신감을 증대시킨다. 그러므로 우리의 자녀들이 하나님의 말씀대로 살도록 가르쳐야 한다. 하나님께서 원하시는 대로 헌신하며 살아가고 있는 어느 분은 어려운 일이 닥쳐 힘겨울 때마다, "하나님, 그때 제가 이렇게 하나님의 말씀대로 했잖아요. 도와주세요"라고 기도하면 하나님께서 그 문제를 해결해 주시곤 했다고 한다.

이런 기도가 성경에도 나오는데 바로 느헤미야의 기도이다. 예루살렘 성벽을 건축하고 민족적 개혁을 했던 느헤미야는 이렇게 기도한다.

내 하나님이여 이 일을 인하여 나를 기억하옵소서 내 하나님의 전
과 그 모든 직무를 위하여 나의 행한 선한 일을 도말하지 마옵소서
느 13:14

내가 또 레위 사람들을 명하여 몸을 정결케 하고 와서 성문을 지켜
서 안식일로 거룩하게 하라 하였느니라 나의 하나님이여 나를 위
하여 이 일도 기억하옵시고 주의 큰 은혜대로 나를 아끼시옵소서
느 13:22

또 정한 기한에 나무와 처음 익은 것을 드리게 하였사오니 내 하나
님이여 나를 기억하사 복을 주옵소서 느 13:31

하나님의 말씀대로 살 때 최대로 자신감이 증대된다. 하나님이 나
의 보호자라고 믿는 사람에게는 두려움이 없다. 자녀가 보호자이신
하나님을 볼 수 있는 영적 눈이 뜨이길 부모는 기도해야 한다.

아람 왕이 도단에 있는 엘리사를 잡으려고 말과 병거와 많은 군사
를 보내 성을 에워싸자 엘리사의 사환이 그것을 보고 두려워 떤다. 그
러자 엘리사가 이렇게 말한다.

두려워하지 말라 우리와 함께한 자가 저와 함께한 자보다 많으니
라 왕하 6:16

그리고 사환의 눈을 열어 보게 해달라고 기도하자 여호와께서 그 사환의 눈을 여신다. 불말과 불병거가 산에 가득하여 엘리사를 보호하고 있는 것을 보게 된다. 함께 하시는 임마누엘의 하나님, 보호하시는 하나님을 믿는 눈이 열리길 우리는 엘리사처럼 기도해야 한다.

다음은 나의 반 아이의 일기장에서 발췌한 글이다.

■ 제목 : 하나님과 나와의 시간

셋째 시간. 괘도 설명 시간이었다. 1조, 2조, 차차 우리의 앞 조들이 끝이 나고 우리 조의 차례가 다가왔다. 더욱 몸이 떨리고 겁이 났다. 그러나 나는 하나님께서 나와 함께 계신다고 믿고 마음을 가라앉혔다.

'두근두근 거리는데 무사히 잘 할 수 있을까? 그래 나는 믿어. 꼭 믿어.'

드디어 우리 조가 할 차례가 왔다. 내가 나가서 설명을 하는데 술술 설명이 잘 되었다. 나는 끝난 뒤 감사기도를 하였다. 하나님께서 나와 함께 보내신 시간 같아서 기분이 좋았다.

민수기 14장 10절 말씀은 여호수아와 갈렙이 이스라엘 백성의 돌에 맞아 죽음을 당하기 직전의 일이다.

온 회중이 그들을 돌로 치려 하는 동시에 여호와의 영광이 회막에

서 이스라엘 모든 자손에게 나타나시니라 민 14:10

하나님을 믿는 절대 신앙의 자신감을 가진 사람이, 다른 사람들이 보기에는 허풍쟁이나 거짓말쟁이 또는 반역자로 보일지 모르나 하나님은 그런 사람을 위해 친히 오셔서 방패가 되어 주신다. 하나님을 믿는다 하면서도 그분의 도우심에 의존하지 못해 자신감을 상실한 사람을 하나님은 이렇게 나무라신다.

이 백성이 어느 때까지 나를 멸시하겠느냐 내가 그들 중에 모든 이적을 행한 것도 생각하지 아니하고 어느 때까지 나를 믿지 않겠느냐 … 나의 영광과 애굽과 광야에서 행한 나의 이적을 보고도 이같이 열 번이나 나를 시험하고 내 목소리를 청종치 아니한 그 사람들은 내가 그 조상들에게 맹세한 땅을 결단코 보지 못할 것이요 또 나를 멸시하는 사람은 하나라도 그것을 보지 못하리라 민 14:11,22,23

믿는 자가 자신감이 없다는 것은 곧 하나님을 멸시하는 것이요, 믿지 않는 것이요, 하나님을 시험하는 것이다. 이런 사람은 결코 삶 속에서 하나님의 기적을 체험할 수 없으며 하나님 안에서의 안식을 누리지 못한다.

우리의 자녀가 하나님을 멸시하거나 믿지 않거나 시험하는 죄를 범하지 않도록 사무엘과 같은 결단을 해야 할 것이다.

나는 너희를 위하여 기도하기를 쉬는 죄를 여호와 앞에 결단코 범치 아니하고 선하고 의로운 도로 너희를 가르칠 것인즉 너희는 여호와께서 너희를 위하여 행하신 그 큰일을 생각하여 오직 그를 경외하며 너희의 마음을 다하여 진실히 섬기라 삼상 12:23,24

끝이 없는 사랑

사랑은 만남에서 시작되며 경험에서 체득되는 인간 형성의 과정이다. 인간의 만남의 관계는 가정에서 시작된다. 그러므로 자녀는 가정에서 가장 먼저 사랑을 배우게 된다. 자녀를 사랑의 사람으로 만들려면 어려서부터 사랑을 흠뻑 받도록 해야 한다. 사랑은 넘치도록 풍성해도 부족함이 없다.

진리와 함께 기뻐하는 참사랑

사랑의 원천은 하나님이다. 하나님은 죄인 된 우리를 먼저 사랑하셨고 예수 그리스도는 목숨까지 버리는 자기희생을 하셨다. 사랑할 수 있는 것은 사랑을 받는다는 확신이 있기 때문이다. 사랑을 가지지 않고는 줄 수 없다. 크리스천들은 독생자를 희생시키기까지 나를 사랑하신 하나님의 그 큰 사랑을 확신하기 때문에 타인을 사랑할 수가 있다. 성경은 하나님께 대한 사랑의 응답이 형제 사랑에 있다고 말한다. 하나님의 형상을 지닌 눈에 보이는 형제를 사랑하지 않는 사람이 보이지 않는 하나님을 사랑한다고 말하는 것은 거짓말이다(요일 4:20).

사랑은 느낌이나 감정만이 아니다. 구체적으로 표현되어져야 할 행동 양식이며 삶의 방식이다. 크리스천의 생명과 행복은 타인을 사랑함으로 얻어진다. 하나님은 사랑의 대상으로 인간을 창조하셨지만 인간은 그 사랑을 배반한다.

하나님은 인간에 대한 자신의 사랑을 끊임없이 표현하신다. 음행을 일삼는 고멜을 사랑하는 호세아의 처절한 사랑의 모습으로, 술람미 여인을 사랑하는 솔로몬의 순결하고 지순한 사랑의 모습 등으로 자신의 사랑을 나타내신다.

당신의 사랑의 표현이 인간에게 외면당하자 결국 아들의 모습으로 이 땅에 오셔서 공생애 기간 동안 사랑의 본질과 사랑의 실현과 사랑의 방법을 가르치셨다. 그리고 십자가 상에서 사랑의 완성을 이루셨다. 사랑이 관념이 아닌 구체적인 행위임을 가르치신 것이다.

사랑은 헌신과 겸손과 노력과 인내 등의 전인격적인 노력을 요구하는 삶의 종합적 능력이다. 자기를 부인할 때 자신이 실현되는 구체적인 행위에 의한 열매인 것이다.

사랑은 만남에서 시작되며 경험에서 체득되는 인간 형성의 과정이다. 인간의 최초 만남의 관계는 가정에서 시작된다. 그러므로 자녀는 가정에서 가장 먼저 사랑을 배우게 된다. 부모와의 관계가 향후 모든 인간관계의 기초가 된다. 자녀를 사랑의 사람으로 만들려면 어려서부터 사랑을 흠뻑 받도록 해야 한다. 사랑은 넘치도록 풍성해도 부족함이 없고 인간은 사랑을 먹고 자라기 때문이다. 그러나 집착을 사랑으로 착각해서는 안 된다.

> 초달을 차마 못하는 자는 그 자식을 미워함이라 자식을 사랑하는
> 자는 근실히 징계하느니라 잠 13:24

사랑과 징계가 적절한 조화를 이루어야 한다. 그러나 징계는 반드시 사랑에 의한 것이라야 한다.

어느 왕이 나라를 바로잡기 위해, 죄를 짓는 사람은 벌거벗겨 매로 쳐 죽이겠다고 했다. 그런데 그의 어머니가 그 죄를 범하고 말았다. 국민들의 의견은 분분했다.

"왕은 사랑이 많은 분이시니 어머니를 죽이지 못할 것이다."

"왕은 공의로운 분이니 사형을 집행할 것이다."

왕은 어머니를 나무에 매달게 했다. 그리고 왕 자신이 옷을 벗고 어머니의 몸을 감싸안고 매에 맞아 죽었다. 사랑과 공의가 함께 실현된 예이다. 사랑에 의한 것이 아니라면 어떠한 행위라도 그 의미를 잃고 만다.

사려 깊은 사랑은 감정적이라기보다 의지적이다. 고린도전서 13장의 사랑의 특성 역시 의지적이다. 사랑이 어떠한 감정적인 느낌이라면 그것은 다분히 주관적이며 불안정한 것이다. 성경이 제시하는 사랑은 성령이 우리 마음에 내재하심으로 맺어지는 인격적인 열매이다 (갈 5:22).

그러므로 진리와 함께 기뻐하는 것이 참 사랑의 특성이다. 우리의 의지가 성령께 의존되며 기쁨으로 순종할 때에 사랑의 열매를 맺을 수 있다.

나는 학기 초, 학급 도서를 만들어 서로 돌려가며 독서를 하자는 제안을 했다. 그때 한 아이가 일어서더니 "왜 우리 집 책을 학교에 가져와야 해요?"라며 이기심을 드러냈다.

그 후 반 아이 전원이 예수님을 구주로 영접하고 날마다 예배를 드린 지 일 년 후 "자, 이제는 책을 각자 집으로 가져 가세요" 하는 나의 말에 그 아이가 의아한 얼굴로 이렇게 대답했다.

"책을 왜 가져가야 하지요? 아래 학년 동생들이 올라오면 읽도록 그냥 둬야지요."

성령의 열매로 이기심이 극복된 것이다. 우리는 이기심과 이타심 사이에서 갈등을 겪는다. 그러나 성령께 순응하여 말씀대로 살려 할 때 그분은 우리가 열매 맺는 삶을 살 수 있도록 인도하신다.

아는 만큼 사랑할 수 있다

사랑은 상대방을 아는 데서부터 시작된다. 예수님은 이웃에 대해 구체적으로 아셨다. 나다나엘이 무화과나무 아래 있었던 것을 아셨고 그의 마음을 아셨다(요 1:48). 뽕나무 위에 앉은 키 작은 사나이 삭개오의 이름을 아셨고, 그의 집을 아셨고, 직업을 아셨고, 열등감을 아셨다(눅 19:5). 남이 잠든 시간에 우물물을 길러 나온 사마리아 여인을 아셨고 그녀의 다섯 남편을 아셨고, 또 한 명의 정부를 아셨고, 그녀의 갈증을 아셨고, 부끄러움을 아셨다(요 4:1-18). 이처럼 사랑은 구체적인 앎에서부터 시작된다.

하지만 상대방을 안다는 것은 어려운 일이다.

어른들은 자신들의 기준으로 아이를 판단한다. 그래서 아이를 아이로 알려하지 않는다. J.M. 바스콘셀로스가 지은 《나의 라임 오렌지 나무》의 주인공은 다섯 살짜리 제제이다. 어린 제제는 크리스마스날조차 선물 하나 받을 수 없어서 이렇게 한탄한다.

"아기 예수는 부잣집 아이들만 좋아하나보다."

제제는 장난꾸러기라는 이유로 가족들의 매질과 이웃들의 냉대 속에 나날을 보낸다. 가족들과 이웃들은 제제의 따뜻하고 아름다운 마음은 보려 하지 않고 그의 짓궂은 장난만 탓하며 아예 작은 악마 취급을 해버린다. 어린 제제는 어른들은 이해하지 못하는 마음속의 작은 새와 라임 오렌지 나무와 친구가 되어 이야기를 나누곤 한다. 제제는 어른들의 메마른 감정에서 도피하여 환상의 세계에서 참 벗을 구하며 평안을 얻는다.

제제는 어느 날 남의 집 정원의 꽃을 꺾어서 학교에 가져온다. 그건 늘 자기 반 교실 화병만 비어있는 게 가슴 아팠기 때문이다.

'아마 선생님이 예쁘지 않기 때문인 것 같다. 눈만 조금 예쁘게 생겼더라면 그렇게 안 예쁘진 않을 텐데….'

제제는 예쁘지 않은 선생님을 기쁘게 해드리려고 꽃을 꺾어 선물했는데 화가 난 꽃 주인이 찾아와 꾸중을 하고 가는 바람에 선생님을 오히려 슬프게 했다. 그때 제제는 이렇게 말했다.

"선생님! 이 세상의 모든 것은 하나님의 것이 아니에요? 그러니까 그 꽃도 하나님의 것이잖아요. … 저는 언제나 꽃이 없는 빈 화병을 보면 가슴이 아팠어요."

어린 제제는 늘 누군가를 사랑하고 싶고 기쁘게 해주고 싶다. 그런데 어른들은 오히려 화를 내고 슬퍼한다. 실직한 늙은 아빠를 기쁘게 해드릴 궁리를 하던 제제는 '내가 나지막한 목소리로 노래를 불러 드리면 아빠의 마음이 풀리시겠지'라는 생각을 한다.

제일 멋지고 아름다운 노래라고 생각한 거리에서 배운 '나는 발가벗은 여자가 좋아'라는 노래를 제제는 열심히 부른다. 그 노래 소리를 듣고 아빠가 제제를 불렀다.

'아빠가 내 노래 소리를 듣고 기분이 좋으셔서 가까이 와서 불러보라고 하시는 걸 거야'하고 생각한 제제가 아빠 앞으로 가자 아빠는 뺨을 때리며 소리쳤다.

"어디 다시 불러봐. 계속…"

"나는 발가벗은 여자가 좋아…"

아빠는 또 때렸다.

"불러봐, 계속 더 불러보란 말야."

제제는 아빠의 말에 복종을 해야할지 그만두어야 할지조차도 분간할 수가 없어서 뺨이 부어올라 흐물흐물해질 때까지 노래를 계속했다. 아빠는 제제를 때리며 소리쳤다.

"이 강아지 새끼 같은 녀석, 돼지처럼 더러운 자식, 막돼먹은 망나니 같은 새끼야! 그런 말을 어떻게 아빠에게 지껄일 수 있느냔 말이야."

어린 제제는 결국 기절하고 말았다. 일터에서 한밤중에 돌아온 엄마의 품에서 제제는 흐느끼며 말한다.

"엄마, 난 태어나지를 말았어야 하는 애였어요. 내 종이 풍선처럼 갈기갈기 찢어져 없어져야 했어요."

어른들은 아이들의 행동의 동기를 알려하지 않고 결과를 탓한다. 그러므로 아이들을 노하게 하고 그들의 아름다운 마음속의 작은새를 날려버리는 것이다.

부모는 아이가 무엇을 생각하고 어떤 마음을 갖고 있는지, 영, 혼, 육의 상태에 대하여 알아야 한다. 자녀뿐만 아니라 아이들에 관한 모든 것을 알아야 한다. 특히 그들의 문화에 대해 관심을 갖자. 그들이 듣는 음악은 뭔지, 보는 책은 어떤 것인지 알아야 자녀와의 대화가 단절되지 않는다.

아이들의 영혼을 파괴시키려는 록음악, 귀신 관련 책, 잔인한 폭력이 난무하는 일본 만화류와 심지어는 주술적인 책이 요즘 아이들에게 유행하고 있다. 이런 것을 자녀가 어떻게 생각하고 있는지 알아야 한다. 그리고 그것에 대해 자연스럽게 대화를 나눌 수 있는 장소와 분위기를 조성할 수 있어야겠다.

사랑은 세심한 보살핌이다. 나는 교사생활을 하면서 부끄러운 경험이 많다. 그중에서도 한 아이에게 미안한 마음을 감출 수 없는 일이 있었다.

그 아이는 늘 상을 찡그렸다. 나는 그 아이가 상을 찡그리는 버릇이 있구나 하고 생각했다. 그런데 학년이 바뀌어 그 아이가 2학년이 되었을 때 큼직한 안경을 쓰고 있는 것을 보게 되었다. 그 아이가 상을 찡그렸던 것은 버릇이 아니라 시력이 나빠서였던 것이다. 시력검사 시에 나타나지 않았으므로 부모나 나는 그 쪽으로는 신경을 쓰지 못했는데 노련한 새 담임은 그것을 발견해냈던 것이다.

어느 어머니는 아들의 귀에 귀지가 껴서 세 살부터 막혀 있었던 것을 일곱 살 때에야 알았노라고 했다. 그 아들은 듣지 못해서 지능이 세 살로 멈추어 있었다. 뇌성마비 자녀를 둔 어느 어머니는 그저 아이가 좀 늦는 모양이라고 생각하여 치료의 기회를 놓쳤노라고 했다. 사랑은 섬세한 관찰과 손길을 원한다.

함께 보내는 시간을 갖기 ▐

예수님은 늘 제자들과 함께하셨다. 마르다의 눈총을 받으면서도 예수님에게서 떨어지지 않으려고 했던 마리아를 사랑하셨다.

바쁜 일정 속에 사는 아버지가 모처럼 휴일을 맞아 자신만의 시간을 가지려고 했지만 식구들의 간청에 못 이겨 마지못해 낚시를 갔다.

그날 밤 아버지는 일기장에 이렇게 썼다.

"오늘은 아이들과 노느라고 소중한 하루를 낭비하고 말았다."

그러나 아들은 그날 일기장에 이렇게 적었다.

"오늘은 아버지와 낚시를 했다. 내 일생에 가장 기쁘고 행복한 날이었다."

집을 비우는 부모들이 점점 많아져 간다. 사랑을 나눌 상대가 없는 아이들은 차가운 비디오와 텔레비전과 친구가 되어버린다. 친구들끼리 몰려다니며 제재받지 않는 자유를 만끽한다.

자식을 기다리던 어머니들이 따뜻한 아랫목에 밥그릇을 꽁꽁 싸놓고 학교에서 돌아온 아들딸의 시린 손을 녹여주던 일은 옛날이 되어버렸고 부모가 아침에 찔러주고 간 몇 푼의 돈을 가지고 자장면으로 요기를 때우는 아이들도 있다.

자녀들은 사랑하는 법을 어디에서 배우겠는가. 필요는 돈으로 채워질 수 있더라도 사랑은 어디에서 채움을 받을 수 있겠는가. 그들은 가정을 떠날 것이고 다시는 돌아오지 않을 것이다. 맨발로 뛰어나가 탕자를 맞이하는 아버지의 사랑을 그들은 상상할 수도 없다.

미국 오클라호마 주립 고등학교에서 품행이 가장 좋은 열 명의 학생을 택하여 가정조사를 해보았다. 그 결과 이 학생들의 부모들은 자녀에게 하루에도 몇 번씩 "나는 너를 사랑한다"라는 말로 사랑을 표현했다. 사랑의 표현이 자녀들을 아름답게 키웠던 것이다.

예수께서 아이들을 무릎에 올려놓으시고 안아주시고 쓰다듬어주셨듯이 우리는 자녀들을 안아주고 사랑한다고 말해주어야 한다. 사랑의 표현은 아름다운 성장의 밑거름이다. 그러나 진실된 것이어야 한다. 아이는 진실에 민감하다. 사랑에 겨워 사랑한다고 했을 때 아이들의 눈빛은 별빛처럼 빛나고 달콤한 몸짓으로 사랑을 받아들이지만 사랑이 없이 사랑한다고 하면 오히려 거부의 몸짓을 한다. 아이의 마음처럼 민감한 것은 없다.

언젠가 음악 시간에 나와 아이들은 아름다운 선율에 취해 하나가 되어 있었다. 나는 피아노를 치고 어린이들은 계명창을 하고 있었는데 나는 마음속으로 '이제 그만 계명창을 하고 가사창으로 부르자고 해야겠구나'라는 생각을 했지만 미처 말을 못하고 건반을 누르고 있었는데 어린이들이 누구의 지시도 없이 일시에 가사로 노래를 부르며 나를 보고 미소를 지었다.

어른들은 아이 앞에서 때로 겸허해질 때가 있다. 그들은 진실에 민감하기 때문이다.

자녀의 연약함을 인정하라

어느 어머니는 자신의 자녀가 공부도 일등이고 무엇이든지 일등인 것을 자랑한다. 자녀의 교만이나 진실치 못한 점은 무시해버린다. 그러나 어떤 크리스천 부모는 "하나님을 기쁘시게 하는 사람이 되어야지 공부 잘하는 사람이 중요한 것이 아니다"라고 말하면서 자녀가 공부를 잘하므로 교만한 것이 오히려 가슴

아프고 하나님 앞에 죄스러운 마음으로 자식을 위해 눈물의 기도를 드린다고 한다.

우화 중에 사슴의 뿔과 다리에 관한 것이 있다. 푸르른 숲속에 아름다운 사슴 한 마리가 살고 있었다. 사슴은 화관처럼 멋지게 뻗어나간 자신의 뿔을 늘 자랑했다. 그러나 가느다란 자신의 다리에 대해서는 늘 불만이었다. 그러던 어느 날 사슴은 사냥꾼에게 쫓기게 되었다. 평소 사슴이 못마땅하게 여기던 다리가 열심히 달려 사슴의 생명을 건졌다. 그러나 얼마 못가서 사슴이 자랑스럽게 여기던 뿔이 나뭇가지에 걸려 사슴은 결국 죽음을 당하게 되었다.

이 사슴의 우화를 보고 있노라면 문득 아버지 다윗을 대적하던 압살롬의 아름다운 외모가 떠오른다. 압살롬은 그 외모가 흠잡을 수 없이 아름다웠고 머리털은 숱이 많고 아름다웠다. 그는 그 아름다움으로 이스라엘 백성의 마음을 도적질하여 왕이 되려고 했지만 그가 자랑하던 머리털이 상수리나무에 걸려 결국 죽게 된다.

인간이 자랑하는 부, 명예, 지식 같은 것들이 하나님 보시기에는 악하고, 반면에 보잘것없고 도리어 약한 것들이 하나님의 긍휼하심을 구하기에 오히려 유익한 것일 수 있다. 그러한 것들을 하나님 중심으로 바로 분별하여 가르칠 수 있는 능력이 부모에게 있어야 한다.

세베대의 아들의 어미가 그 아들들을 데리고 예수께 와서 절하며, "이 나의 두 아들을 주의 나라에서 하나는 주의 우편에 하나는 주의 좌편에 앉게 명하소서"(마 20:21)라고 요청한다.

그 때 예수께서는 "너희 구하는 것을 너희가 알지 못하는도다 나의 마시려는 잔을 너희가 마실 수 있느냐"(마 20:22)라고 하신다. 세베대의 아들의 어미는 세상의 부귀와 명예를 원했지만 예수 그리스도 안에서의 성공은 이웃을 위해 십자가를 져야 성취되는 것임을 알지 못했던 것이다.

겟세마네 동산에서 얼굴을 차가운 땅에 대시고 고뇌하는 예수님 곁에서 제자들은 깊은 잠에 빠져 있었다. 베드로에게 한시라도 깨어 있어 죽을 것 같은 고통의 시간을 함께해달라고 부탁하시지만 제자들은 깨어날 줄을 모른다. 곤한 잠에 들어 있는 제자들을 슬픈 눈으로 돌아보시며 예수님은 이렇게 말씀하셨다.

시험에 들지 않게 깨어 있어 기도하라 마음에는 원이로되 육신이 약하도다 마 26:41

자녀의 약함을 인정해주려면 부모의 자존심을 버리는 아픔도 감내해야 한다. 요즘 많은 부모들이 자신의 자존심 때문에 자녀의 입장을 이해하려 하지 않고 그들의 부족함을 오래 참아주지도 않는다. 그러면서 자녀에게 무례히 행한다.

아이는 상을 받아오면 동네 자랑거리가 되고 뒤처지면 부모의 부끄러움이 된다는 걸 알고 있으므로 눈에 보이는 상을 빼앗기 위해 경쟁을 하고 결석한 친구에게 공책을 빌려주지 않는다. 자신의 유익만을 구하여 악한 것을 생각하고 불의를 기뻐하며 점차 신경증 환자가 되어간다.

교사가 방과 후 어떤 아이의 뒤쳐지는 과목을 보충시키기 위해 남겨 공부를 시키겠다면 그 부모는 감사하기는커녕 교사가 무언가 바라는 것이 있어서라고 생각한다. 또한 자신의 아이가 열등하여 남아서 공부를 한다는 것을 남이 알게 되면 자존심이 상하기 때문에라도 탐탁치 않아 한다.

마태복음 15장에는 가나안 여인과 귀신 들린 딸의 이야기가 나온다. 가나안 여인은 귀신 들린 딸을 데리고 예수께로 와서 귀신을 쫓아 주시기를 간청한다. 그러나 예수님은 한마디도 대답하지 않으시고 모른 척 하신다. 다시 한 번 여인은 예수님의 무릎 밑에서 절을 하며 간청하지만 예수님은 도리어 여인에게 모욕을 준다.

자녀의 떡을 취하여 개들에게 던짐이 마땅치 아니하니라 마 15:26

개 취급을 받으면서도 여인은 자식을 살리는 일에 자신의 자존심을 버린다.

주여 옳소이다마는 개들도 제 주인의 상에서 떨어지는 부스러기를 먹나이다 마 15:27

이 말은 '주님 그렇습니다. 저는 개와 같습니다. 그러니 부스러기 은혜라도 주셔서 나의 딸을 고쳐 주십시오'라는 고백이다. 딸의 아픔과 괴로움을 뼈아프게 느끼는 어머니는 자존심 같은 것은 얼마든지 팽개쳐버릴 수 있었던 것이다.

주어서 행복한 사랑을 경험하게 하라

셸 실버스타인의 《아낌없이 주는 나무》라는 책이 있다. 한 그루 나무와 소년의 이야기인데 나무는 소년에게 나뭇잎 왕관을 만들어주기 위해 잎을 떨구고 소년이 기어오를 수 있게 가지를 펴기도 하고 그네도 되어준다. 소년이 잠이 들면 그늘이 되어주고 열매를 모두 내어줘 돈도 벌게 하고 소년의 집을 위해 가지도 전부 베어준다. 배 한 척을 만들어주기 위해 몸통을 내어주고 쓸쓸히 서 있던 나무는 소년이 늙어서 돌아오던 날 늙어버린 밑둥을 소년이 앉을 수 있게 내어준다. 그리고 그 책은 이렇게 끝난다.

"나는 정말 행복했습니다."

주어서 행복한 삶이 모든 부모들의 삶일 것이다. 사랑은 귀찮아하지도, 준 것을 되돌려 받으려 하지도 않는 아낌없이 줌으로 행복한 것이다.

크리스천의 사랑은 목숨까지 주신 예수 그리스도 안에 사는 삶이므로 더욱 그러해야 한다. 그럼에도 많은 부모들이 자녀를 귀찮아하고 자신을 주는 일에 인색하다.

한번은 교편을 잡고 있던 학교에 급식실이 없었는데 어머니들의 급식실에 대한 요구가 얼마나 강력한지 인근에 있는 급식실이 있는 타학교로 전학시키겠다고 할 정도였다. 가장 큰 이유는 도시락을 싸 주기 귀찮다는 것이었다. 늦잠을 자는 어머니로 인해 아침까지 거르고 오거나 빵을 들고 오는 아이들도 있었다. 어머니의 구수한 몸 내음을 맡을 수 있었던 도시락 대신 급식되는 똑같은 음식을 줄을 서서 받아먹으며 아이들은 어머니의 따뜻한 정을 느낄 기회를 잃은 것이다.

반면 어느 어머니는 학교 급식이 생기는 바람에 간밤에 사랑스러운 자녀의 머리맡에서 쓴 쪽지 편지를 도시락에 넣어줄 수 없어 안타깝다고 했다.

사랑은 아낌없이 줄 기회를 만들어내는 것이다. 부모의 자녀에 대한 사랑은 자녀의 모든 것을 참아주고 믿어주며, 기대하고 견디어내게 한다. 사랑하는 부모가 사랑할 수 있는 자녀를 키울 수 있음은 당연하다.

조카가 세 살 때 일이다. 그 아이는 늘 이불을 걷어차고 잤다. 나는 밤새 이불 밖으로 나온 조카의 발을 덮어주고 다독여주곤 했다. 어느 날 아침 잠결에 보니 조카가 잠에서 깨어 밖으로 나가려고 하다가 다시 돌아와 이불 밖으로 나온 내 발을 덮어주고 토닥토닥 두드려주는 것이었다.

'어떻게 알았을까? 잠이 들어 있을 때 이불을 덮어 주었는데…'

잠결에 조카는 사랑의 포근함을 느꼈던 것일까? 조카는 발을 다독여주고는 잠이 든 척하고 있는 나를 내려다보더니 행복한 얼굴로 밖으로 나갔다.

그것은 사랑의 전이(轉移)다. 알코올램프에 올려놓은 쇠가 빨갛게 달구어지면 그 위에 있는 촛농이 차례로 녹는 현상과 같이 사랑은 아름다운 전이이며 확장이다. 그러므로 사랑은 생산성을 갖는다. 사랑의 생산을 위해 우리는 자녀들에게 풍성한 자료와 기회를 제공해주어야만 한다.

나는 어느 날 주는 법을 연습시키기 위해 불쑥 아이들에게 이런 말을 했다.

"지금부터 자기가 가지고 있는 것 중에서 가장 좋은 것을 짝에게 주어보세요."

순간 아이들의 안색이 굳어졌고 이것저것 들척이며 망설이더니 물건을 나누었다. 잠시 후 물건을 다시 되돌려 받으라고 했더니 얼굴을 붉히면서 제일 좋은 것은 줄 수가 없었다고 고백했다.

어려서부터 주는 일에 익숙해지려면 사랑을 싹 틔워야 한다. 사랑은 무한한 가능성으로 마음 밑바닥에 잠겨 있는데, 상대를 구체적으로 알려하는 동기가 부여될 때 싹이 트기 시작한다. 부모는 자녀에게 사랑해야 할 사람들이 있음을 알게 해야 한다.

내가 어렸을 적만 해도 대문을 열어놓고 사는 집들이 많았다. 그리고 이웃집에 숟가락이 몇 개인지 헤아릴 정도로 친숙했다. 별식을 만들면 먼저 이웃의 몫부터 떼어놓았고 자녀들은 신이 나서 음식 그릇을 이집 저집 나르면서 나누는 삶의 즐거움을 맛보곤 했었다.

이 시대는 대문이 닫힘으로 너와 내가 단절된 시대이다. 한 집에 세 들어 살면서도 서로 인사가 없어 도둑으로 오해하여 이웃을 살해하는 고립의 시대이다. 그러한 시대 속에서 나에게만 몰입함으로 고통을 느끼며 사는 시대이다.

인간은 창조 때 내가 너의 가슴에 있고 네가 나의 가슴에 있음으로 온전하도록 지어졌기 때문에 홀로는 창조주에게도 좋지 못해 보이고 (창2:18) 인간 자신에게도 만족이 없다. 인간의 방황은 결국은 '나'를 좇아 헤매는 것인지도 모른다. '나'는 '나'에게서 발견될 수 없다. '나'는 '너'에게서 채울 수 있을 뿐이다. 크리스천은 성경이 가르치는 대로 이웃이 곧 나인 것을 알아야 한다.

1학년 미술 시간에 찰흙으로 사람 모양을 만드는 작업을 하던 중 평소 조용했던 한 아이가 큰 소리로 울면서 짝꿍을 마구 때렸고 둘 사이에 싸움이 일어났다. 우는 아이가 온갖 정성을 다해 만들어 놓은 찰흙 사람의 팔을 짝 아이가 부러뜨렸다는 것이다.

어린아이들은 자기가 만든 것에 대한 집착이 강하다. 남이 보기에는 보잘것없어 보일지라도 자신이 만들었기 때문에 소중하다. 미술 시간에 싸움이 일어나는 횟수가 다른 과목의 시간보다 많은 이유는 여기에 있다. 나는 그날 팔이 부러진 인형을 들고 '나와 너와 우리'에 대한 이야기를 아이들과 함께 나누었다.

"여러분, 여러분이 만든 찰흙 인형을 보세요. 어때요?"

"좋아요."

"왜 좋지요?"

"내가 만들었으니까요." "정성껏 만들어서요."

"여러분은 누가 지으셨나요?"

"하나님이요."

"그럼 하나님은 여러분을 어떻게 보실까요?"

"사랑스럽게요." "좋게요."

"그렇군요. 자, 자기의 가슴에 손을 얹고 이야기해보세요. '나는 하나님이 정성껏 만드셨어. 그래서 하나님은 나를 무척 사랑하셔. 나는 아주 좋은 사람이야. 사랑스런 사람이야' 라고 말이에요."

아이들은 따라했다.

"내 짝은 누가 만들었지요?"

"하나님이요."

"내 짝을 어떻게 만드셨을까요?"

"사랑스럽게요."

"자, 그럼 친구를 바라보며 '너도 하나님이 만드셨어. 그래서 사랑하셔' 라고 말해 보세요."

"너도 하나님이 사랑하셔."

"한 분 하나님이 우리를 지으셨으니까 우리는 서로 어떤 모습일까요?"

"같아요." "닮았어요."

"아, 그렇군요. 그러면 우리는 서로 형제가 되겠네요."

"A야(인형을 만든 아이), 오늘 인형이 망가져서 마음이 어땠니?"

"슬프고 화가 났어요."

"B야(인형을 망가뜨린 아이), 만약 A가 네 인형을 망가뜨린다면 마음이 어떻겠니?"

"… 화가 났을 거예요."

"여러분, 여러분이 정성껏 만든 인형을 누가 망가뜨리고 밉다고 흉을 본다면 여러분 마음은 어떻겠어요?"

"속이 상할 거예요." "화가 날 거예요."

"그렇지요. 그럼 하나님께서 만들어주신 나를 누가 때린다면 하나님 마음은 어떠실까요?"

"슬플 거예요."

"하나님이 만드신 내 짝을 누가 때린다면 어떨까요? 하나님 마음이 어떠실까요?"

"슬프세요."

"우리가 서로 때리고 미워하면 누가 슬퍼하실까요?"

"하나님이요."

"그럼 우리는 서로 어떻게 해야 하나님이 기뻐하실까요?"

"사랑해야 해요."

"자, 그럼 우리 모두 사랑해요. 짝에게 '사랑한다'고 하면서 안아주세요. 하나님께서 기뻐하실 거예요."

아이들에게 사랑의 대상인 '너'를 알게 하려면 나와 너의 관계 속에 하나님이 간섭하심을 알게 해야 한다. 가장 기본적인 '앎'에 대한 교육은 나와 너와 그분과의 관계 정립에서부터 시작되어야 한다.

창조주를 기쁘시게 하는 삶의 목적과 피조물로서의 삶의 자세는 사랑임을 알게 해야 한다. 하나님과 나와 너는 사랑이라는 고리로 연결되어 있다는 것을 알게 해야 한다. '네'가 없는 '나'는 감동과 만족이 없는 공허 속에서 살아야 한다는 것을 가르쳐야 하고 나의 공허를 메워줄 너를 얻는 데는 오직 하나의 열쇠, 사랑이라는 열쇠가 있어야 한다는 것을 알게 해야 한다. 이처럼 사랑은 우리 모두가 하나임을 고백하는 것이다.

몸은 하나인데 많은 지체가 있고 몸의 지체가 많으나 한 몸임과 같이 그리스도도 그러하니라 고전 12:12

그러나 그 지체들이 모두 다른 역할을 하도록 지음받았으므로 다른 사람의 개성을 사랑할 줄 알아야 함도 가르쳐야 한다.

몸은 한 지체뿐 아니요 여럿이니 만일 발이 이르되 나는 손이 아니니 몸에 붙지 아니하였다 할지라도 이로 인하여 몸에 붙지 아니한 것이 아니요 또 귀가 이르되 나는 눈이 아니니 몸에 붙지 아니하였다 할지라도 이로 인하여 몸에 붙지 아니한 것이 아니니 만일 온몸이 눈이면 듣는 곳은 어디며 온몸이 듣는 곳이면 냄새 맡는 곳은 어디뇨 그러나 이제 하나님이 그 원하시는 대로 지체를 각각 몸에 두셨으니 고전 12:14-18

인체를 통해 이런 교육을 할 수 있다. 신체의 어느 부분이 아팠을 때와 온몸이 아팠던 경우를 나눔으로, 또는 자신의 손을 꼬집었을 때 입이 '아야' 하고 얼굴이 상을 찡그리는 모습에서 몸이 하나됨을 가르칠 수도 있다.

유대인들의 교훈적인 이야기 중, 한 몸에 머리가 둘인 쌍둥이가 하나냐 둘이냐를 알려면 한쪽 머리에 뜨거운 물을 부었을 때 둘 다 울면 하나이고 한쪽만 울면 둘이라는 이야기라든지, 손과 입은 날마다 음식을 나르고 씹는 일에 고생하는데 위는 먹기만 하는 것이 얄미워 손과 입이 일을 안 한 결과 손과 입도 다른 지체와 함께 죽게 되었다는 이야기도 하나의 역할을 가르치는 소재로 유용하다.

각 지체의 서로 다른 개성을 존중해야 할 뿐만 아니라 약한 자를 더욱 사랑하도록 가르쳐야 한다.

몸의 더 약하게 보이는 지체가 도리어 요긴하고 우리가 몸의 덜 귀히 여기는 그것들을 더욱 귀한 것들로 입혀주며 우리의 아름답지 못한 지체는 더욱 아름다운 것을 얻고 고전 12:22,23

이웃과 사랑을 주고받는
장을 마련하라

나와 반 아이들이 함께 인천에 있는 지체 부자유아들이 합숙하며 기술을 익히고 있는 곳을 방문한 적이 있었다. 아이들은 마음이 들떠 일 년간 저금했던 돈으로 선물을 사고 몇 가지 프로그램을 짜고 개인별로 선물도 준비하는 등 분주했다.

추운 겨울 들녘을 휘몰아쳐오는 바람 속에서도 아이들은 즐거워하며 목적지에 도착했는데 돌아오는 길에는 모두들 입을 다물고 생각에 잠겨 있었다. 자기 또래의 아이들이 불편한 몸으로 일을 배우고 있는 것이 그들에게 큰 충격이었던 것이다. 그 후 우리 반 아이들은 장애자들에게 특별한 관심을 갖게 되었다.

다음은 맹아학교 음악회에 다녀온 아이들의 일기의 한 부분이다.

■ 제목 : 하나님의 사랑

나는 오늘 친구들과 함께 한빛 맹아학교 음악회에 갔었다. 처음 아이들이 합창을 시작했을 때 눈물이 나왔다. 그 아이들이 불쌍했기 때문이다. 그런데 하나님께서 나에게 '저 아이들은 불쌍하지 않다'고 말씀하셨다.

가만히 생각해보니 그 아이들은 하나님이 무척 사랑하는 아이들인 것 같았다. 어쩌면 그 아이들이 나보다 더 행복할지도 모른다. 나는 예수님께 이렇게 기도하였다.

"주님, 저 아이들이 눈을 뜰 수 있게 도와주시고 주님께 축복받는 자녀로 살게 해 주세요. 감사합니다. 아멘."

■ 제목 : 한빛 아이 음악회에 다녀와서
한빛 아이 음악회에 갔었다. 내가 그곳에서 느낀 것은 나에게 이
밝은 세상을 볼 수 있도록 좋은 눈을 주신 하나님께 감사드려야겠
다는 것이었다. 또 맹아 아이들이 어려운 조건 속에서도 세상을 이
기고 밝게 자라고 있는 것이 하나님께서 맹아들을 사랑하신다는
것을 나타내보이시는 것 같이 느껴졌다.
그 아이들의 노래도, 합주도, 연주도 다른 아이들에게 뒤지지 않았
다. 모두 하나님의 힘인 것 같았다. 나는 자기 전에 그 아이들이 누
구에게도 뒤지지 않는 밝은 아이들로 자라게 해달라고 기도했다.

부모나 교사는 사랑을 체험할 수 있는 기회와 장을 마련해주는 일
에 힘써야 한다. 사랑은 체험한 만큼 자란다.
부모들은 사랑을 주는 것을 가르쳐야 함과 동시에 사랑을 받을 줄
알도록 가르쳐야 한다. 그것이 겸손의 기본이 되기 때문이다. 자신이
도움을 받아야 할 사람임을 알게 될 때 타인 앞에 겸손해질 수 있다.
재미있는 옛날이야기가 있다. 어느 마을에 장님 총각과 앉은뱅이
처녀가 살고 있었다. 장님 총각은 총각대로 앉은뱅이 처녀는 처녀대
로 서울로 갈 일이 생겼다. 두 사람은 각자 자신의 신세를 한탄하다가
좋은 생각이 떠올랐다. 앉은뱅이 처녀는 총각이 업고 처녀는 총각의

등에 업혀 길을 안내했다. 그리하여 두 사람은 즐겁게 목적지에 다다를 수 있었다.

위의 두 사람이 홀로 자신만을 고집했다면 어떠했을까? 타인에게서 자신의 부족을 보완할 수 있는 지혜가 그들에게는 있었다. 우리는 원래 장님이나 앉은뱅이 같이 각자 부족함을 갖고 태어났기 때문에 삶의 길을 가며 서로 업어주고 안내해주며 천성을 향해 가는 것이다.

예수께서도 제자들을 파송하실 때 두 사람씩 짝지어 보내셨고 중풍 병자와 함께했던 네 친구들을 칭찬하셨다. 예수님 자신도 제자들과 함께하셨다.

홀로라는 병은 무서운 것이다. 갈멜산에서 불의 응답을 받아 바알 선지자 사백오십 인과 아세라의 선지자 사백 인을 쳐죽인 엘리야가 갑자기 홀로라는 생각을 했을 때 두려움에 떨며 도피하게 된다(왕상 19:10-14). 그는 하나님 앞에 홀로임을 탄식했으나 하나님은 바알에게 무릎을 꿇지 아니한 사람이 너 말고도 칠천이 있다고 알려주심으로 용기를 얻게 하신다(롬 11:4).

수천의 군중이 나의 주위에 있어도 자기 스스로 홀로임을 고집할 때는 어쩔 수가 없다. 마음의 문고리는 나의 내부에 달려 있기 때문이다. 부모는 자녀에게 늘 함께 사는 세상임을 인식시키고 함께로 묶는 고리는 서로 돕는 관계에서만 이루어짐을 알게 해야 한다.

예전에는 이러한 관계에 대한 교육이 자연스럽게 이루어졌다. 그것은 이웃집 담이 높지 않았고 마당이 늘 열려 있었기 때문이다. 집 마당에 깔려 있던 멍석이나 평상은 이웃의 것이었다. 낮에는 함께 집마다 돌아다니며 일을 거들었고 밤이면 옥수수도 삶아서 들고 감자도 쪄서 들고 이웃집 마당으로 모여들었다. 멍석 위에서 이 집 저 집 근심 걱정거리가 쏟아졌고 그걸 서로 나눌 궁리들을 했었다.

겨울 저녁이면 화롯불 주위에 둘러앉아 기쁨도 슬픔도 함께 나누는 온정으로 어려움을 이겨내곤 하기도 했다. 마당이 점점 없어지고 담이 높아져가는 사회 속에서 돕는 관계가 불신 속에 두려움의 관계가 되어버렸다.

이런 시대에 사는 아이들에게 이웃을 인식시켜주어야 한다. 히브리 사람들의 교육 방법 중 하나가 각종 절기를 따라 교육시키는 것이라고 한다. 유월절, 오순절, 장막절의 3대 절기 때마다 7일 동안 계속 장막 안에 기거하면서 여호와의 율법과 의식을 철저히 자녀에게 가르쳤다고 한다.

이러한 히브리의 교육 방법을 도입해 성탄절, 부활절, 추수감사절 등을 이웃의 날로 정해놓고 이웃에게 줄 선물을 자녀와 함께 의논하여 만들고 이웃을 초대하여 함께 나눌 수 있는 장으로 가정을 개방하는 것이다.

예로 추수감사절은 메이플라워 호를 타고 미국에 도착한 이주민들이 거친 기후와 황무지를 이겨내고 첫 수확을 거두어 하나님께 감사했던 날이다. 이 날을 통해 하나님께 감사하는 크리스천의 문화를 이웃에 전하고 이웃에게도 감사의 축제에 함께 참여할 수 있는 기회를 제공하는 일을 통해 자녀들이 함께 나누는 삶의 방법을 배울 뿐만 아니라 이 사회를 크리스천 문화로 변혁시키는 방법을 가르치는 잠재적인 교육과정도 될 수 있을 것이다.

성탄절은 이웃과의 '기쁨의 날'로 지역별로 크리스천들이 모여서 기쁨을 나누는 것도 좋다. 개인별로 예쁜 선물 주머니를 자녀와 함께 꾸려서 아무도 몰래 사랑의 전달자 역할을 해보게 함으로써 이웃과 함께 즐겁고 다정하게 사는 법을 익히도록 할 수도 있을 것이다.

교육의 효과는 듣는 데서 10퍼센트, 보는 데서 50퍼센트, 스스로 말해보는 데서 70퍼센트, 실제 행동으로 옮겨보는 데서 90퍼센트가 획득된다고 한다. 특히 사랑에 대한 교육은 그러하다.

어느 날 반 아이들이 분단별로 저금을 하여 연말에 불우 이웃을 도우면 어떻겠느냐는 제안을 해왔다. 승락을 했더니 일 년간 군것질을 안 하고 열심히 저금을 했다. 연말에 저금통을 깨어보니 꽤 많은 금액이었다. 그 돈을 어떻게 사용할까 궁리하다가 반 아이 전원이 각자 장갑을 두 켤레씩 불우한 이웃에게 전하기로 했다.

다음날 상당수의 아이가 장갑을 그냥 들고 왔다. 그 이유는 대략 두 가지였다.

"엄마가 추운데 감기 든다고 나가지 못하게 했어요."

"물건을 줄 사람이 안 보였어요."

물건을 전할 이웃이 아이들의 눈에 보이지 않았다는 것은 거짓이 아니었다. 왜냐하면 문전걸식하던 거지 나사로에게 무관심했던 부자처럼 곁에 있어도 무관심하면 보이지 않기 때문이다. 우리는 여태껏 불우한 이웃에게 무관심했던 것을 회개하고 그날 저녁 다시 도울 이웃을 찾아보기로 했다.

다음날 아이들은 기쁨이 충만하여 돌아와 서로 간증을 하겠다고 했다.

"저는요, 육교 위에서 쥐포를 구워서 파는 할머니께 이렇게 말씀드렸어요. '할머니 이건요, 예수님께서 드리는 거예요. 이 장갑 따뜻하게 끼시고 예수 믿으세요' 했더니, 할머니께서 제 머리를 막 쓰다듬어 주시며 착하다고 했어요."

그 일이 있고 난 후 주는 기쁨을 맛본 아이들은 휴지통으로 불우 이웃 돕기 모금함을 만들어 들고 다니기까지 했다. 사랑의 행위는 배가 되는 습성이 있다. 도울 때는 나의 것을 내어놓아야 한다는 것을 가르쳐야 하고 그 값은 또 다른 사람이 언젠가 나를 도와줄 것이며 특히 하나님께서 풍성히 갚아주실 것임을 알게 해야 한다.

가난한 자를 불쌍히 여기는 것은 여호와께 꾸이는 것이니 그 선행을 갚아 주시리라 잠 19:17

어느 아이가 자기 어머니에게 말했다.
"엄마, 우리 반에 빗자루가 없대요."
"그럼 네가 사 가렴."

"싫어. 왜 내가 사가. 그건 우리 집 돈 낭비하는 건데."

계산에 빠른 아이들이 점점 늘어나고 있다. 크리스천 부모들조차 "주라 그리하면 너희에게 줄 것이니 곧 후히 되어 누르고 흔들어 넘치도록 하여 너희에게 안겨 주리라"(눅 6:38)라는 말씀을 의심한다.

너무나 똑똑한 부모와 자녀가 많다. 그러나 이와는 대조적으로 성경 속에는 어리숙한 사르밧 과부와 그 아들의 이야기가 있다. 그들은 가뭄이 극심하여 굶주릴 때에 통에 남은 가루 한 움큼과 병 밑바닥에 깔린 기름 조금을 가지고 마지막 식사를 하고 굶어 죽을 날만 기다려야 하는 형편이었다. 그런데 엘리야가 와서 그 마지막 가루와 기름으로 음식을 만들어 자기를 주고 나머지는 너희 모자가 먹으라는 것이었다. 그러나 그 여인은 아무 말도 없이 그 말에 순종하여 나그네를 대접하여 하나님께 복을 받는다.

요즘 어머니들은 자녀가 무엇을 얻어 오면 영리하다고 하고, 남을 주고 오면 멍청하다고 꾸중을 한다. 그것은 복 받을 조건을 내다 버리는 일이다. 옥합을 깨뜨리는 마리아에게 낭비를 한다고 나무랐던 제자들과 같은 부모가 되어서는 안 된다.

자녀가 늘 남에게 주고 사는 자리에 있게 하려면 어려서부터 주는 연습을 시켜야 하고 본을 보여야 한다. 남에게 베풀며 사는 크리스천의 간증을 들어 보면 그 부모들이 자녀를 위해 하늘 창고에 저축해놓은 것이 많은 사람들인 것을 알 수 있다. 다음 글은 그 중 어느 분의 글이다.

일제 말기에 보릿고개를 넘기기 어려운 사람들이 준비해두었던 나락을 됫박으로 수북이 담아 주시던 어머니. 어머니는 또 동네 아낙네들의 온갖 가슴 아픈 사연들을 함께 울면서 들어주셨다. 부끄러운 이야기이지만 오늘날 나의 도움이 필요한 곳을 찾아 작은 도움을 주고 생명의 전화나 소년자원 보호자로 자원봉사를 하게 된 것이 이제 생각하니 어렸을 때 내 마음에 새겨진 어머니의 모습에서 연유한 것이구나 싶기도 하다.

사랑을 베푸는 부모들의 자녀들은 자랑스러운 부모의 자녀라는 긍지를 갖고 있다. 부모들의 봉사 활동에 자녀들을 참여시키는 것도 바람직한 일이다.

자연을 사랑하는 아이로 키우라 | 사랑은 자연과의 관계 속에서도 성립되어야 한다. 인간의 죄로 말미암아 자연까지 저주를 받았다. 그리스도 안에서 새로운 피조물인 인간은 자연과도 화목한 관계를 이루어야 한다.

이리와 어린 양이 함께 먹을 것이며 사자가 소처럼 짚을 먹을 것이며 뱀은 흙으로 식물을 삼을 것이니 나의 성산에서는 해함도 없겠고 상함도 없으리라 여호와의 말이니라 사 65:25

어느 날 아침 출근해보니 활련화가 아름답게 피어 있었다. "야! 정말 아름답게 피었네" 하는 나의 탄성에도 아이들의 반응은 신통치 않았다. 나는 활련화에 아이들의 시선을 집중시키려고 화분을 교탁 위로 옮겨놓았지만 무표정이었다. "이 꽃 좀 봐, 참 예쁘지?"라고 말해도 별 관심을 기울이지 않았다.

그날 쉬는 시간에 아이들은 누르면 지우개가 튀어나오는 신형 필통 주위에 몰려 탄성을 지르고 있었다. 살아 숨쉬는 것에 감동을 잃어가는 시대 속에서 아이들은 프라스틱 제품의 차가운 감촉을 즐기며 가슴이 싸늘해져가고 있다.

생명의 경이를 느끼게 하려면 집 안에 생명의 소리를 내는 것들을 키워야 한다. 그리고 아이들로 하여금 보살피게 해야 한다. 그런데 마당이 없어져가면서 집짐승을 기르는 집도, 식물을 심는 집도 점점 없어져가고 있다. 자연을 통해 생명을 사랑하는 법을 가르쳐야 한다.

다홍빛 진달래가 산을 취하게 하던 봄날이었다. 나는 어린 시절 할머니의 무덤가에서 친척 아이들과 함께 뛰놀며 진달래꽃을 치마폭에 하나 가득 꺾어 어머니 앞으로 가져갔다. 그때 어머니는 꽃을 받아 드시며 잔잔한 목소리로 말씀하셨다.

"꽃이 아팠겠구나. 꽃을 꺾을 때 '딱' 하고 나는 소리는 '아야' 하는 소리란다."

그 후 나는 생명력이 있는 사물을 함부로 대할 수가 없었다. 한 포기 풀이나 작은 병아리 한 마리도 함부로 대할 수가 없었다.

학교 앞에서 병아리를 사 들고 아파트 옥상으로 올라간 아이들이 누구의 병아리가 더 멀리 날아가나 내기를 한다고 날려 보냈다. 어른들이 그걸 보고 나무라자 아이들이 대답했다.

"괜찮아요. 오백 원짜린 걸요."

아이들에게 생명의 숨결을 느끼게 하고 사랑하게 해야 한다. 사람에게는 생명 있는 모든 것을 보살피고 사랑할 책임이 있다는 것을 가르쳐야 한다.

방탕아였던 어거스틴은 30년 동안의 어머니의 눈물의 기도로 하나님께 돌아온다. 그의 《참회록》을 보면 회심한 후 어머니와 함께 정원을 거닐며 체험한 기적이 적혀 있다.

우리는 처음부터 끝까지 하나님께서 지으신 모든 만물의 아름다움을 생각하면서 이야기를 이어갔습니다. 그러자 우리들 마음은 하나님께 대한 경이로운 감격으로 채워지기 시작습니다. 이윽고 사랑의 불꽃은 우리 속에서 강렬하게 타올랐고 그로 인하여 우리들 마음은 높이높이 떠올랐습니다. 우리가 의식한 것은 그것밖에 없습니다. 그런데 보십시오. 언뜻 내려다보자 어느 사이에 우리는 해와 달과 별들이 땅을 내려다 비취는 데까지 올라와 있는 것이 아닙니까? 이렇게 하여 우리는 마침내 영혼을 지나 하나님의 은총이 풍성한 데까지 이르게 되었습니다. 거기서는 생명이 곧 지혜였고, 거기에 있는 모든 것은 하나님의 슬기로 만들어져 있었습니다. 우리는 그것들을 보면서 손수 만져보지 않고서는 갈증이 풀리지 않을 것만 같았습니다. 그래서 우리는 기어코 그것들까지 만져보았던 것입니다.

인간의 사랑이 얼마나 놀라운 경지에까지 이르는가를 생각케 하는 이야기이다.

"심히 좋다!"라고 말씀하신 창조주의 감동을 따라 나와 자녀도 하나님과 나와 너와 자연에 감동을 느끼며 살아야만 한다. 그러한 감동들이 사라져가고 있다.

"애들아, 저 하늘에 별 좀 보렴. 하나님의 솜씨가 아름답기도 해라" 하며 인터넷 게임에 눈이 빨개진 아이의 시선을 이끌어 가야 하고 "이 풀 좀 보렴, 풀 한 포기도 이렇게 예쁘게 만드셨구나", "저 풀벌레 소리 좀 들어보렴" 할 수 있는 감동의 샘이 부모에게 늘 넘쳐나야 한다.

창조물에 대한 감동이 없는 삶은 사랑이 없는 삶이다. 나는 글짓기 교육을 시킬 때 자연물과 이야기를 나누는 시간을 마련하고 종종 하늘 빛깔을 보게 하고 나뭇잎의 변화를 눈여겨보게도 한다. 나뭇잎을 주워서 책장 속에 끼워 말려서 친구들끼리 주고받는 사랑의 편지에 넣어 보내게도 한다.

무지개를 보고 어느 외국 아이가 "저게 무슨 기구예요?"라고 했다고 한다. 우리들의 자녀들을 기계 문화와 폭력이 난무하는 시청각 기재에서 의도적으로 눈을 돌리게 해야 할 때가 왔다.

영혼을 사랑하는 아이로 키우라 ▐

▐ 인간 삶의 최대의 목표는 사랑의 실천이며 그것은 영혼을 구하는 일이라는 것을 아이들에게 가르쳐야 한다. 다음은 우리 반 아이의 글이다.

■ 제목 : 아빠의 생신

오늘은 집이 무척 바빴다. 왜냐하면 내일이 아빠 생신이기 때문이다. 나는 엄마를 도와서 생선전도 부치고 떡과 과일도 사다 놓았다. 그리고 시간이 조금 남아 문방구에 가서 내 사랑을 담기 위해 수첩과 볼펜을 사서 잘 포장하고 카드도 붙여두었다. 이래저래 하루가 갔다. 나는 자기 전에 기도를 했는데 하나님께서 나에게 깨달음을 주셨다. 그것은 아빠에게 무엇을 사서 드리는 것보다 교회에 나가시도록 전도하라는 것이었다. 나는 아무리 사랑이 담긴 선물도 영생을 얻는 일보다 작은 것이라고 생각했다. 주님께서 나에게 이런 지혜와 깨달음을 주셔서 감사했다.

존 웨스터 호프가 지은 《교회의 신앙교육》에 이런 말이 있다.

교회는 '증언 공동체(a witnessing community)로 이해되어야 한다. 교회는 말하고 전해야만 하는 사건의 이야기(story)를 소지하고 있고, 서로 나누어야 할 꿈(vision)을 안고 있으며 선전해야 할 기쁜 소식

(good news)을 지니고 있다. 그 이야기, 비전, 복음 모두가 전달되는 최선의 방법은 교회의 존재방식, 곧 이 세계에 있어서 교회의 말과 행동의 연결(word- actions)을 통해서 된다.

교회뿐만 아니라 가정 그리고 개인의 삶의 형태와 목표를 명료히 지적한 말이라 생각한다. 크리스천은 특별한 백성이라는 것, 전해야 할 사건이 있고 꿈이 있고 기쁜 소식이 있다는 것을 자녀에게 교육해야 한다. 그러기 위해서는 부모가 먼저 하늘에 소망을 두는 삶을 살아야 한다.

많은 크리스천들의 가정에서의 기도 내용은 과연 어떠한 것인지 생각해보자. 하나님나라의 확장을 위한 선교의 기도가 먼저인가 아니면 먹을 것, 입을 것, 이 땅에서 누릴 것에 대한 구함과 염려가 전부인지 생각해볼 일이다. 아이에게 기도를 시켜보면 그 가정의 기도의 내용을 알 수가 있다. 부모가 이 땅의 것만을 추구한다면 자녀는 이 땅 이후의 세계에 대한 비전을 갖지 못할 것이다.

삶의 푯대를 하늘에 두고 달려갈 길을 달려가는 모습을 우리 자녀들에게 보여야 한다. 부모가 가가호호 방문하여 전도하는 열정을 보이고 이웃에게 전도 편지를 보내고 전도 전화를 하는 일을 보면 자녀는 그대로 따라 하려는 의지를 보일 것이다.

아이들은 자기 이름으로 오는 편지에 감격한다. 그러므로 친구에게 전도 편지를 띄울 수 있도록 부모가 도와주라. 아이 전도는 아이에게

맡기는 것이 좋다. 공통된 그들의 언어로 그들을 친구에게 '와보라'
고 할 것이기 때문이다. 전도하는 일에 익숙하도록 어려서부터 누군
가에게 접근하여 이야기를 해보는 경험은 중요하다.

또한 전도를 하려면 아이 나름대로의 전해야 할 사건에 대한 정립이
필요하다. 죄사함의 확신과 하늘나라에 대한 확신이 분명해야 한다.

다음은 나의 반 아이들이 '나는 왜 하나님을 믿는가?' 라는 주제로
쓴 글이다.

■ 나는 왜 하나님을 믿는가?

하나님은 나의 아버지가 되시고 또 나는 하나님의 귀한 자녀입니
다. 우리가 임금님의 아들딸이라면 정말 기쁘고 즐거울 것입니다.
그러나 우리는 이 만물을 창조하신 만왕의 왕이신 하나님의 자녀
입니다. 이 얼마나 행복합니까?

또 우리가 예수님을 믿고 영생을 얻으면 저 아름다운 나라인 천국
나라에 갈 수 있게 되는 것입니다. 나는 이 아름다운 천국을 나 혼
자만 가고 싶지 않습니다. 저는 영혼을 구원하여 주님 앞에 같이 나
가고 싶습니다. 그러나 좋은 나라를 같이 가자고 해도 싫다고 하는
영혼들이 정말 불쌍합니다. 내가 하나님을 믿는 이유를 그들에게
알려주고 예수 그리스도를 구주로 믿게 하고 또 유명한 크리스천
들의 이야기도 들려주어 나와 같이 천국 여행을 즐기고 싶습니다.

나는 정말 기쁩니다. 구하는 것을 모두 들어주시고 응답해주시는

하나님이 계시니까요. 저는 하나님이 계시다는 것을 확실히 믿습니다. 내가 하나님을 안 믿었을 때를 생각하면 제가 너무 어리석었다는 생각이 들고 또 주님께 충성하는 자가 되겠다고 결심합니다.

지금 이 세상에는 죽음에 허덕이고 괴로운 생활을 하는 사람이 너무나 많습니다. 나는 하나님을 형식적으로 믿을 것이 아니라 내 마음을 다 바쳐 언제나 십자가를 바라보면서 주님의 뜻대로 사는 귀한 딸이 되겠습니다. 또 불쌍한 영혼들을 구원하여 하나님의 진정한 뜻을 알도록 하겠습니다.

여러분께 저는 이렇게 부탁합니다. 예수님을 믿고 영생을 얻으십시오.

- 이신아

■ 왜 나는 하나님을 믿는가?

이 세상 사람들은 종교를 가지고 싶은 것이 소망일 것입니다. 그러나 어리석은 사람들은 자기 자신을 믿는다든지, 우상을 섬기는 사람들이 많이 있습니다. 제가 수많은 종교 중에서 기독교를 택한 이유가 있습니다. 그것은 내 마음에 평안이 올 뿐 아니라 우리는 늙습니다. 늙으면 우리는 지옥에 가게 됩니다. 그곳은 너무나 고통스럽고 견디기 어려운 곳입니다.

우리는 그곳에 가지 않기 위해서 예수님을 구주로 믿고 천당을 가야 합니다. 그리고 언젠가는 이 세상에 멸망이 오게 될 것입니다. 그때 우리 믿는 사람은 새로운 나라에서 하나님의 품에 안겨서 영원히 살게 됩니다. 그래서 저는 그 즐거움과 사랑을 받는 천국에 가고 싶은 소망으로 하나님을 믿는지도 모릅니다.

우리는 잠깐 보이다 사라지는 안개와도 같다는 말이 성경에 있습니다. 그러니 우리는 이 짧은 세상에서 편안히 살다가 지옥 불에 들어가기보다는 이 세상에서는 어렵게 살더라도 하나님을 믿고 천당에 가서 사는 것이 더 낫다고 생각하지요. 여러분이 저를 어떻게 생각하실지는 모르겠지만 저는 이 글로 여러분이 예수님만 믿는다면 어떠한 일이라도 하겠습니다.

이 글을 보시는 여러분들이 예수님을 믿고 천당가기를 바라는 마음이 너무나도 간절합니다. 여러분, 우리 모두 천당에 올라가서 다시 만나기를 바라면서 이 글을 줄입니다.

— 신혜정

예수 그리스도와 자신과의 관계 속에서 아름다운 삶의 이야기가 있는 아이가 전도를 한다. 구주와 함께 날마다 동거하며 기쁜 삶을 체험하는 아이는 살아계신 하나님을 믿으므로 친구에게 살아계신 하나님을 소개하기에 주저하지 않는다.

아이들은 범사에 하나님을 인정함으로 하나님의 응답을 받고 살아 역사하시는 하나님을 체험한다.

연료로 기름을 넣던 시절, 어느 추운 겨울날 교실에 있는 기름 난로가 고장이 났다. 마침 학교에서 잡일을 해주시는 분이 외출중이어서 난로를 고칠 수가 없었다. 눈보라 치는 날 날아드는 시커먼 기름 먼지 속에서 유리창까지 열어놓고 떨어야 할 지경이었다. 그때 한 아이가 일어나서 이렇게 말했다.

"우리 난로를 붙잡고 기도해요."

나와 모든 아이들은 고장난 난로에 손을 얹고 기도를 했다. 그런데 "아멘" 하고 기도를 마치는 순간 '똑똑' 문을 두드리며 외출중이어서 저녁에나 돌아온다던 일하시는 분이 들어서며 말했다.

"심부름 가던 중에 무얼 놓고 간 것이 있어서 가지러 왔는데 난로가 고장이 났다지요?"

"할렐루야!"

아이들의 입에서 함성이 터져 나왔다.

우리 옆에 살아 계셔서 벙글벙글 웃으시는 하나님을 믿으니 전도할 수밖에 없다. 다음은 나의 반 아이들의 일기 내용이다.

■9월 19일 일요일, 맑음

지난 주일에 6학년 3반 아이를 전도하였다. 그런데 오늘 새벽기도를 가는 바람에 최문용을 데리고 오지 못했다. 그러나 하나님께서 인도하시면 올 것이라고 생각했다. 그래서 통성기도 할 때 꼭 나오게 해달라고 기도했다. 8시 40분, 50분이 지나도 문용이는 보이지 않았다. 9시가 되는 순간에 문용이가 들어왔다. 어찌나 기뻤는지 말로 할 수 없었다. 나는 그때 '주님께서 내 기도를 들어주셨구나' 하고 생각하면서 주님께 감사기도를 드렸다.

■ 10월 22일 금요일

오늘은 아침에 오빠가 투정을 부리듯 말했다.

"에이 나는 왜 미국에서 안 태어났지?"

나는 그 말을 듣고 미국보다 더 좋은 나라가 있다고 말해주었다. 그 나라는 바로 천국이다. 오빠는 "야, 천국이 어디 있니? 네가 가보기나 한 것처럼"라고 말했다. "이제 두고봐. 천국은 꼭 있어. 오빠도 교회에 다녀"라고 말했다. 그랬더니 오빠도 가겠다고 했다. 나는 정말 기뻤다. 일요일 날은 꼭 오빠와 같이 교회에 가야겠다.

사랑은 생명을 구원하는 꿈을 꾸게 한다. 오직 예수 그리스도께서 그의 나라와 그의 의를 위하여 자신을 드리신 것처럼 부모 자신이 온 삶을 "내 나라는 이 세상에 속한 것이 아니라"(요 18:36)라고 하신 예수님의 말씀을 따라 하늘에 소망을 두고 성령충만을 구하여 하나님의 나라 확장을 위해 살 때 자녀들은 너희는 먼저 하나님의 나라를 구하라고 하신 말씀대로 살 것이며 그것이 하나님께는 영광이요, 자신의 최대의 행복이며, 이웃에 대한 최고의 사랑임을 알게 될 것이다.

아름다운 질서

응석이나 사랑의 표현이라도 불순한 행동이나 말씨를 사용하는 것을 허용하지 말아야 한다. 자녀는
가정뿐 아니라 사회 속에서 살 사람이고 사회는 공손한 사람을 원하기 때문에 그렇게 훈련시켜야
사랑받는 자로 살 수 있다.

아버지의 권위가 회복되어야 한다

원래 세상은 혼돈과 공허의 상태였다. 무질서 상태였고 흑암의 상태였을 때 하나님은 말씀으로 무질서를 질서로, 공허를 충만으로, 흑암을 빛으로 바꾸셨다.

그러나 인간의 죄악으로 말미암아 정돈된 모든 관계가 파괴되고 다시 무질서가 되어버린다. 하나님과 인간과의 사랑의 자리에서 심판과 두려움의 자리에 서게 되고 인간과 인간과의 관계도 돕는 자리에서 대적하는 자리로 질서가 파괴된다. 자연 역시 가시덤불과 엉겅퀴를 내고 인간에게 다스림을 받아야 할 위치에서 인간을 지배하려는 위치에 서게 된다.

가인이 아벨을 죽임으로 가정의 질서가 파괴되고 라멕에 이르러 사회의 질서가 무섭게 무질서 상태로 빠져간다. 예레미야 선지자는 "내가 땅을 본즉 혼돈하고 공허하며 하늘들을 우러른즉 거기 빛이 없으며"(렘 4:23)라고 한탄을 한다.

우리가 사는 시대 역시 무질서가 범람한다. 가정의 질서가 파괴되고, 사회의 질서가 파괴된 상태이다. 하나님과 인간과의 관계가 혼돈해지자 먼저 가정이 무질서해졌다.

부부가 서로 돕는 관계에서 대적하는 관계가 되고, 형이 아우를 살해하고, 벌거벗은 아비의 하체를 비웃는 아들과 그 아들을 저주하는 아비가 생기며, 아내를 누이라 하는 지아비의 추태와 딸들이 아비와 동침하는 가정의 무질서가 성경에 적나라하게 드러나 있다.

먼저 가정의 질서가 회복되어야 한다. 가정의 질서는 말씀이고 빛이신 예수 그리스도 안에서만 회복되어질 수가 있다.

히브리어로 가정이란 '베이트'로 천막, 성별된 집, 성전이라는 뜻이 있으며, 신약에서는 헬라어로 '모이코스'라고 하는데 거처, 궁전, 가정, 후손이라는 뜻이 있다. 가정이 성전이 될 때 가정의 질서가 확립되는 것이다. 하나님께서 아버지로서 중심이 되셔야 가정이 온전한 가정이 된다.

가정을 건물인 '집'으로 착각하는 사람들이 많다. 비바람을 막아주고 더위를 막아주는 어떤 소유물로 생각하는 것이다. 더욱이 그 소유물을 얻기 위해 참다운 가정을 버리는 일까지 있다. 어느 사람이 재

벌이 된 후에도 시골의 보잘것없는 집에서 사는 것을 보고 사람들이 왜 좋은 집을 짓지 않느냐고 했더니 그의 대답은 이러했다.

"나는 집을 세우길 원하지 않고 가정을 세우길 원한다."

건물의 외형적인 가치로 가정의 행불행을 가늠하려는 세태에 크리스천조차 무감각해져가고 있는 것은 아닌지 돌아볼 일이다.

가정이 성전으로서의 기능을 감당하기 위해서는 부모가 청지기로서의 책임을 잘 감당해야 한다.

구약의 족장시대에는 부모의 3대 책임이 있었다. 첫째는 제사장으로서 제사와 예배를 주관하는 책임, 둘째는 선지자로서 교훈과 성경을 가르치는 책임, 셋째는 왕으로서 권위를 가지고 다스리는 책임이었다. 부모가 제사장으로서, 선지자로서, 왕으로서의 권위를 갖추고 있을 때 가정의 질서가 세워졌다.

가정의 질서는 모든 질서의 시작이다. 가정은 작은 왕국이다. 그 왕국의 주인은 하나님이고 왕권은 그 가정의 아버지에게 위임된다. 성경에서 보듯 엘리의 집의 질서가 무너졌을 때 하나님의 언약궤를 빼앗겼고, 다윗 집안의 질서가 무너졌을 때 나라가 혼돈 상태에 빠졌다.

가정의 아버지는 자녀에게 왕으로서의 권한을 행사할 수 있어야 한다. 그러나 현대 가족 속에서의 부권은 그 권위를 상실하고 있다.

초등학교 1학년 아이들에게 질문했다.

"좋은 아버지는 어떤 아버지일까요?"

아이들이 여기저기서 대답했다.

"돈 잘 벌어오는 아버지요."

"바람 피우지 않는 아버지요."

"엄마를 사랑해주는 아버지요."

교사가 다시 아이들에게 물었다.

"자기의 아버지가 좋은 아버지라고 생각하는 사람 손을 들어보세요."

손을 드는 아이는 1/3정도였다.

"왜 아버지가 좋지 않다고 생각하지요?"

교사는 다시 물었고 아이들은 대답했다.

"놀러가지도 않고 텔레비전만 봐요."

"담배만 피우고 집안일도 안 도와줘요."

"우리 엄마가 그러는데요, 잠만 잔대요. 돼지처럼."

"옷을 막 팽개치고, 돈도 못 벌어와요."

교사는 좋은 아빠에 대해 한참을 설명하고 나쁜 아빠에 대해 변명을 한 후 다시, 자기 아버지가 좋은 아버지라고 생각하는 사람 손들어 보라고 했지만 2/3정도만 마지못해 손을 들고 1/3은 결국 손을 들지 않았다.

부권이 송두리째 땅에 떨어져 있다. 히브리어의 '아버지'란 낱말 속에는 '교사'란 의미도 포함되어 있다. 아버지가 가르치는 역할을 포기하고 어머니에게만 교육을 맡기도록 되어있는 사회구조는 심각한 문제다. 이렇게 된 데에는 어머니의 위치와 역할에도 큰 문제점이 있다.

어머니가 가정의 모든 일을 주도해나가며 자녀들 앞에서 남편을 함부로 대하는 것은 아버지의 가장으로서의 권위를 상실케 하는 제 1의 요인이 된다. 자녀들 앞에서 거침없이 남편의 단점을 지적하는 아내는 자녀들이 아버지에게 순종하지 못하도록 하는 죄를 조장한다.

아버지는 가정의 모든 문제에 대해 최종결정권을 가지므로 존경과 신뢰의 위치에 있어야 한다. 어머니에게 단점만 지적당하는 무능력하고 무기력한 아버지는 자녀들에게 무시당할 수밖에 없다. 가정에서의 질서는 왕으로서 다스리는 아버지의 권위를 분명히 할 때 유지된다.

욥은 하나님 앞에서 자신과 자녀들의 죄를 위하여 번제를 드렸다. 제사장으로서의 아버지의 역할에 충실했다. 자녀들이 죄와 유혹의 자리에 빠질까 늘 무릎을 꿇어 기도했다.

크리스천 부모는 가정에 어린 양의 피를 뿌려 자녀들이 하나님의 보호를 받게 해야 한다. 그리고 하나님의 구원 사역을 가르치고 하나님을 자기의 하나님으로 받아들이도록 가르치는 선지자로서의 책임을 다할 때 하나님은 부모에게 왕으로서의 권위를 더하시는 것이다.

노인을 공경하게 하라

가정의 질서는 사회와 국가와 인류 질서의 바탕이 된다. 가정의 질서는 하나님께 대한 경외심을 갖는 것이 기초이고 가족과의 관계 속에서 체득된다.

대가족제도 속에서의 아이들은 가족들과의 관계 속에서 인간관계의 질서를 배웠다. 조부모와 부모의 관계 속에서 공경심을 배울 수 있었고 형제끼리의 관계 속에서 위계질서와 섬기는 법을 배웠다. 형제가 많은 경우 맏형이 둘째를 가르쳤고, 둘째가 셋째를 차례로 가르치며 거기서 순종과 양보심을 배워나갔다.

이처럼 대가족제도는 올바른 인간관계 형성의 잠재적인 학습 기관이었다. 그러나 대가족제도가 붕괴되고 핵가족화로 인해 부모는 자녀에게 지나치게 몰두하게 되었고, 아이들은 사회성을 상실하게 되었을 뿐만 아니라 인간관계 속의 질서를 배울 교육의 장을 잃고 사랑을 나누는 법을 배울 풍성한 기회를 놓치게 되었다.

대가족제도에서는 다른 생활이나 사고방식, 다른 직업을 갖고 있는 어른들을 접촉하게 됨으로 관계 교육을 중시하는 크리스천 교육에서는 그 중요성이 더하게 된다. 그러나 부모를 모시기 힘들다는 이유 하나로 일평생 자녀가 가질 수 있는 풍성한 교육의 기회를 놓치게 하는 부모들이 점차 늘어가고 있다.

유대인의 격언 중에 이런 말이 있다.

"늙은이는 자신이 다시는 젊어질 수 없다는 것을 알고 있지만 젊은이는 자신이 늙는다는 것을 잊고 있다."

유대인들은 노쇠해져가는 노인의 육체를 보지 않고 경험과 지혜가 원숙한 노인들의 정신에 주목했다. 그리하여 그들의 자녀는 노인을 지혜가 풍부한 분으로 존경할 수 있었다.

하나님은 우리에게 이런 명령을 하셨다.

너는 센 머리 앞에 일어서고 노인의 얼굴을 공경하며 네 하나님을 경외하라 나는 여호와니라 레 19:32

노인의 지혜가 멸시를 받을 때 그 나라는 올바르게 서지 못한다는 예가 열왕기상 12장에 나온다.

르호보암이 이스라엘의 왕이 되자 이스라엘 백성들이 왕에게 와서 그의 부친 솔로몬 왕이 성전과 궁전을 짓기 위해 백성들에게 시킨 고역과 멍에를 가볍게 해주기를 간청한다. 르호보암 왕은 노인들과 이 일을 의논한다. 노인들은 "왕이 만일 오늘날 이 백성의 종이 되어 저희를 섬기고 좋은 말로 대답하여 이르시면 저희가 영영히 왕의 종이 되리이다"(왕상 12:7) 라고 대답한다.

그러나 왕은 노인의 교도를 버리고 자기와 함께 자라난 소년들의 말을 따라 백성들에게 포학한 말로 대답한다. 이 사건은 솔로몬의 죄악에 대한 하나님의 심판이 응한 것이기는 했지만 노인의 교도를 버린 일을 계기로 이스라엘은 분열된다.

부모를 공경하여 복을 받게 하라

부모는 자녀를 축복할 권리가 있다. 그러므로 부모를 공경하는 일은 곧 복 받는 일이다. 이삭은 자식들을 축복하기 전에 별미를 요구했다.

나의 즐기는 별미를 만들어 내게로 가져다가 먹게 하여 나로 죽기
전에 내 마음껏 네게 축복하게 하라 창 27:4

야곱은 형보다 앞서 염소 고기를 부친께 드리고 축복을 가로챈다.
그 계획은 야곱의 어머니 리브가로부터 나온 것인데 형인 에서가 이
방 여인과 결혼함으로 그 부모의 마음에 근심을 주었기 때문이다.

노아의 작은 아들 함은 노아가 포도주에 취하여 장막 안에서 벌거
벗고 자는 것을 보고 형제들에게 고해 아비의 수치를 드러냈다. 그 형
제 셈과 야벳은 옷을 취하여 자기들의 어깨에 매고 뒷걸음질쳐서 장
막으로 들어가 노아의 하체를 덮었다.

이 일로 해서 셈과 야벳은 노아로부터 축복을 받고 함의 아들 가나
안은 저주를 받는다(창 9:20-26). 부모에게 효도하는 자는 자녀에게 복
을 받게 한다. 자녀에게 효도하는 본을 보이기 때문이다. 가정의 질서
는 효도에서부터 시작된다.

자녀들아 너희 부모를 주 안에서 순종하라 이것이 옳으니라 네 아
버지와 어머니를 공경하라 이것이 약속있는 첫 계명이니 이는 네
가 잘되고 땅에서 장수하리라 또 아비들아 너희 자녀를 노엽게 하
지 말고 오직 주의 교양과 훈계로 양육하라 엡 6:1-4

이 말씀은 가정 질서의 기초가 된다. 자녀들이 부모의 권위에 순종

하도록 가르쳐야 한다. 룻은 시어머니 나오미의 말에 전적으로 순종하여 보아스의 타작 마당에 들어가서 부끄러움을 무릅쓰고 보아스의 발치 이불 속에 들어가 눕는다.

시어머니의 말씀에 현숙한 여인인 룻이 "어머니의 말씀대로 내가 다 행하리이다"(룻 3:5)라고 순종한 것은 어머니 나오미가 하나님을 경외하는 현숙한 여인인 것과 쓰러진 가정을 세우려는 의지가 있었기 때문이다.

또한 어머니의 명하는 것이 룻 자신의 행복을 위한 사랑에서 나온 것임을 알았기 때문이다. 자녀가 부모의 말에 순종할 때는 부모가 하나님을 경외하는 것과 말씀대로 가르치려는 의지를 가지며 가정과 자녀들 자신의 행복을 위해 훈계하는 것으로 받아들일 때 가능하다.

한때 각 학급에 간식으로 우유가 배달되곤 했다. 우유 상자가 교실에 배달되면 아이들이 우르르 몰려나가 자기들의 우유를 가져가거나 분단별로 나누어 먹거나 하는데 언제나 우유 상자 속에 덩그러니 남아 있는 우유는 교사의 것이곤 했다. 그래서 나는 우유 상자가 배달되어 오면 제일 먼저 선생님 책상에 우유를 가져다 놓고 학생 것을 나눌 것과 교사가 먹기 전에 먼저 먹지 말 것을 명령했다.

얼마 후 어머니가 찾아와 나에게 고맙다며 이런 이야기를 했다. 조부모를 모시고 사는 가정인데 아이가 응석받이가 되어 맛있는 음식은 언제나 먼저 아이의 차지가 되곤 했다.

그런데 어느 날 아이가 가장 좋아하는 도넛를 했는데 덤벼들지 않고 얌전히 앉아 있어서, "너 웬일이니? 배가 아프니?" 하고 물었더니, "아니요, 어른이 먼저 잡수셔야지요" 라고 하더란다. 부모는 내심 놀라며 조부모님께 먼저 드리고 먹기를 권했더니, "엄마 먼저 드셔야 제가 먹지요" 하더라는 것이다.

가정에서 먼저 어른을 대접하는 일은 반드시 습관화되어야 한다. 먼저 어른 몫을 나누고 아이들 순서가 되어야 한다. 자녀를 우선으로 하고 부모가 찌꺼기만 먹는 것을 자녀에게 보여서는 안 된다. 그렇게 교육하는 부모는 효도 받을 생각을 말아야 한다.

어느 설문 조사에 의하면 자녀에게 집착하는 가족의 순서는 어머니가 70퍼센트로 가장 많은데 놀랍게도 그런 어머니가 자녀의 폭력의 대상이 된다는 것이다. 자녀의 말씨나 행동에 있어서도 어려서부터 웃어른에게 공손히 대하도록 가르쳐야 한다.

응석이나 사랑의 표현이라도 불순한 행동이나 말씨를 사용하는 것을 허용하지 말아야 한다. 자녀는 가정뿐 아니라 사회 속에서 살 사람이고 사회는 공손한 사람을 원하기 때문에 그렇게 훈련시켜야 사랑받는 자로 살 수 있다.

창세기 24장에는 리브가가 웃어른에게 공손히 대하는 장면이 그림같이 펼쳐진다. 우물가에서 물을 길어 오는 리브가에게 아브라함의 늙은 종이 물 좀 달라고 청한다.

리브가는 급히 들고 있던 물항아리를 내려 공손히 물 한 그릇을 대접하고 늙은 종의 약대들을 위하여도 물을 길어 나른다. 늙은 종은 그러한 그녀의 행동을 묵묵히 주목한다. 그 일로 리브가는 아브라함의 아들 이삭의 아내가 된다.

자녀들이 부모와 웃어른께 공손히 대할 수 있도록 철저히 교육해야 한다. 이것이 자녀의 삶의 보이지 않는 자원이 되기 때문이다.

부모들의 눈물이 필요한 때

예수께서 십자가를 지고 골고다 언덕을 오르실 때 뒤따르며 가슴을 치고 슬피 우는 여자의 큰 무리를 보시고 말씀하셨다.

예루살렘의 딸들아 나를 위하여 울지 말고 너희와 너희 자녀를 위하여 울라 눅 23:28

이제 크리스천 부모들은 자신과 자신의 자녀들을 위해 울 때가 되었다. 가정이 무너져 가고 아이들의 마음이 황폐해져 거리를 떠돌고 있다. 일부라 할지라도 초등학교 아이들이 담배를 피우고 거침없이 욕설을 하는가 하면 음란물과 인터넷 게임 중독에 빠져 들어가고 있는 무서운 시대를 우리는 살고 있다. 우리들의 자녀 속에 깊이 파고드는 물질문명의 소산들을 외면하기에는 그 탁류가 너무나 거세다.

마가복음 9장에 귀신 들린 아들은 거꾸러져 거품을 흘리고 이를 갈며 파리해져갔다. 이 시대의 자녀들이 거꾸러져 거품을 흘리고 이를 갈며 파리해져가는 것을 볼 수 있는 눈을 떠야 한다.

　예수께서 귀신 들린 아들의 아비에게, "언제부터 이렇게 되었느냐"(막 9:21)라고 물으셨다. 예수께서 이 시대를 사는 크리스천 부모들에게도 동일하게 물으신다. 언제부터인가 우리의 자녀들은 아이이기를 포기하고 그 영혼이 파리해져가고 있다.

　이제 우리는 이런 자녀들을 위해 울어야 한다. "우리를 불쌍히 여기사 도와주옵소서"(막 9:22) 하고 눈물로 간청하는 귀신 들린 아이의 아비처럼 주님 앞에서 무릎을 꿇고 울어야 하는 것이다. 제사장으로서, 선지자로서, 왕으로서의 자녀에 대한 책임을 절감하며 하나님 앞에 무릎을 꿇어야 한다.

　"무엇을 하실 수 있거든"(막 9:22) 하는 나약한 자세는 안 된다. "할 수 있거든이 무슨 말이냐 믿는 자에게는 능치 못할 일이 없느니라"(막 9:23)라고 하신 주님의 말씀을 붙들어야 한다. 그분이 우리 자녀의 아버지로서 아이들을 품어주실 것을 믿어야 한다.

　이 시대는 부모들의 눈물을 필요로 한다. 하나님의 나라가 바로 우리 아이들에게 달려 있기 때문이다.

너희 자녀를 위해 울라

개정증보판 1쇄 발행	2009년 2월 27일
개정증보판 22쇄 발행	2018년 10월 15일
초판 1쇄 발행	1994년 2월 10일
초판 42쇄 발행	2007년 12월 14일

지은이   오인숙

펴낸이	여진구		
편집	김아진, 안수경, 이영주, 최현수, 김윤향		
디자인	마영애, 노지현, 조아라		
기획·홍보	김영하	해외저작권	기은혜
마케팅	김상순, 강성민, 허병용	마케팅지원	최영배, 정나영
제작	조영석, 정도봉	경영지원	김혜경, 김경희
이슬비전도학교	최경식	303비전성경암송학교	박정숙
303비전장학회 & 303비전꿈나무장학회	여운학		

펴낸곳   규장

주소 06770 서울시 서초구 매헌로 16길 20(양재2동) 규장선교센터
전화 02)578-0003   팩스 02)578-7332
이메일 kyujang0691@gmail.com   홈페이지 www.kyujang.com
페이스북 facebook.com/kyujangbook   인스타그램 instagram.com/kyujang_com
카카오스토리 story.kakao.com/kyujangbook
등록일 1978.8.14. 제1-22

책값 뒤표지에 있습니다.
ISBN 978-89-6097-099-1 03230

규 | 장 | 수 | 칙

1. 기도로 기획하고 기도로 제작한다.
2. 오직 그리스도의 성품을 사모하는 독자가 원하고 필요로 하는 책만을 출판한다.
3. 한 활자 한 문장에 온 정성을 쏟는다.
4. 성실과 정화를 생명으로 삼고 일한다.
5. 긍정적이며 적극적인 신앙과 신행일치에의 안내자의 사명을 다한다.
6. 충고와 조언을 항상 감사로 경청한다.
7. 지상목표는 문서선교에 있다.

하나님을 사랑하는 자 곧 그 뜻대로 부르심을 입은 자들에게는 모든 것이 合力하여 善을 이루느니라(롬 8:28)